历史的丰碑丛书

科学家卷

量子力学领袖
玻 尔

王 兵 编著

吉林人民出版社

图书在版编目(CIP)数据

量子力学领袖:玻尔 / 王兵编著 .-- 长春:吉林
人民出版社,2011.4 (2025.4 重印)
(历史的丰碑丛书)
ISBN 978-7-206-07658-9

Ⅰ.①量… Ⅱ.①王… Ⅲ.①玻尔,N.(1885～
1962)—生平事迹—青年读物②玻尔,
N.(1885～1962)—生平事迹—少年读物 Ⅳ.
① K835.346.11-49

中国版本图书馆 CIP 数据核字 (2011) 第 037503 号

量子力学领袖 玻尔

LIANGZI LIXUE LINGXIU　BOER

编　　著:王 兵
责任编辑:丁 昊　　　　　　封面设计 : 孙浩瀚
制　　作:吉林人民出版社图文设计印务中心
吉林人民出版社出版 发行(长春市人民大街7548号 邮政编码:130022)
印　　刷:北京一鑫印务有限责任公司
开　　本:787mm×1092mm　1/16
印　　张:8　　　　　　　字　　数:72千字
标准书号:ISBN 978-7-206-07658-9
版　　次:2011年4月第1版　印　　次:2025年4月第3次印刷
定　　价:35.00 元

如发现印装质量问题,影响阅读,请与出版社联系调换。

编者的话

"欲知大道，必先为史"。

回溯人类的足迹，人们首先看到的总是那些在其各自背景和时点上标志着社会高度和进步里程的伟大人物。他们是历史的丰碑，是后世之鉴。

黑格尔说："无疑，一个时代的杰出个人是特性，一般说来，就反映了这个时代的总的精神。"普希金说："跟随伟大人物的思想是一门引人入胜的科学。"

以史为鉴，面向未来。作为21世纪的继往开来者，我们觉得，在知史基础上具有宽广的知识结构、开阔的胸襟和敏锐的洞察力应是首要的素质要求，而在历史的大背景中追寻丰碑人物的思想、风范和足迹，应是知史的捷径。

考虑到现代人时间的宝贵，我们期盼以尽量精短的篇幅容纳尽量丰富的信息，展现尽量宏大的历史画卷和历史规律。为此，我们编撰了这套丛书。

编撰丛书的过程，也是纵览历代风云、伴随伟人心路、吸收历史营养的过程。沉心于书页，我们随处感受着各历史时期伟大人物所体现的推动历史进步的人类征服力量。我们随着伟人命运及事业的坎坷与辉煌而悲喜，为他们思想的深邃精湛、行为的大气脱俗而会意感慨、拍案叫绝。

然而，在思想开始远游和精神获得享受的同时，我们也随之感受到历史脚步的沉重和历史过程的曲折。社会每前进一步都是艰难的，都伴随着巨大的痛苦和付出。历史的伟大在于它最终走向进步，最终在血污中诞生了鲜活的"婴孩"。

历史有继承性和局限性，不能凭空创造。伟人也有血肉，他们的思想、行为因此注定了同样具有历史的局限性和阶级的、时代的烙印；他们的功业建立于千千万万广大人民群众伟大创造的基础上。历史是人民群众创造的，伟大的人物们是历史和时代造就的。同时，我们也无法否定此间他们个人的努力。这也正是我们编撰这套丛书的目的。

我们期盼着这套丛书得到社会的认同，对读者，特别是青少年读者之历史感、成就感和使命感的培养有所裨益。史海浩瀚，群

星璀璨。我们以对广大青少年读者负责的精
神，精心遴选，以助力青少年成长进步，集
结出版了《历史的丰碑》系列丛书，敬请读
者批评、指正。

历史的丰碑丛书

编 委 会

策　划：胡维革　吴铁光

　　　　林　巍　冯子龙

主　编：胡维革　邢万生

副主编：贾淑文　谷艳秋

编　委：（按姓氏笔画为序）

　　　　于二辉　刘士琳

　　　　刘文辉　孙建军

　　　　李艳萍　吴兰萍

　　　　杨九屹　隋　军

山不在高，有仙则名；水不在深，有龙则灵。在人类探索微观世界的历史进程中，以欧洲小国丹麦国都命名的"哥本哈根学派"，像熊熊燃烧的火炬，放射着缤纷夺目的光彩，为人们遨游微观未知世界指明方位；像端肃雄伟的丰碑，承载着以玻尔为首的量子科学家们的业绩丰功。

　　爱因斯坦曾情真意切地评述过玻尔："当后代人来写我们这个时代在物理学中所取得的进步的历史时，必然会把我们关于原子性质的知识所以取得的一个最重要的进展同尼耳斯·玻尔的名字连在一起……他具有大胆和谨慎这两种品质的难得融合。很少有谁对隐秘的事物具有一种直觉的理解力和强有力的批判能力。他不但具有关于细节的全部知识，还始终坚定地注视着基本原理。他无疑是我们时代科学领域中最伟大的发现者之一。"

目　　录

历史的 丰碑 丛书

诞生在书香门第之家

　　能够改变世界历史进程的人是为数不多的。然而，玻尔做到了这一点，原子时代的到来，很大程度上有赖于他的科学研究及他的影响。

——穆　耳

　　尼耳斯·玻尔（Niels Bohr，1885—1962）诞生在丹麦哥本哈根一个世代书香的家庭。尼耳斯·玻尔是这个聪明异常家族的第三位玻尔教授。他使这个姓氏得到了新的声望，而在他之前，玻尔家族就早已名声显赫了。

　　尼耳斯的祖父H·玻尔，曾经担任丹麦波恩霍姆岛上著名语法学校的校长，

→玻尔四岁时与妈妈和姐弟的合影右一为玻尔

他是当地最受尊敬的
教授和知名人士。

尼耳斯的父亲克
里斯蒂安·玻尔，是
哥本哈根大学的生理
学教授。他曾两度留
学德国，终生爱好体
育运动，对呼吸生理
学有极深的造诣。在
科学工作中，克里斯

← 玻尔的父亲克里斯琴·玻尔

蒂安不但表现了实验工作所不可缺少的那种一丝不苟
的作风，而且始终对事实现象的理论解释保持了浓厚
的兴趣。

尼耳斯·玻尔的外祖父阿德勒是一位犹太银行家，
多次当选为丹麦议会的众议员和参议员；外祖母是一
个性格坚强又极富同情心的人。

玻尔家族丰衣足食，幸福美满。在他们那宽敞明
亮的客厅，父辈人总是聚会，谈论各式各样的问题。
当尼耳斯长大到了懂事的年龄时，他就获得了旁听父
辈们谈论的机会。这种谈论中所提出的问题，往往是
以克里斯蒂安提出的精密科学知识为依据来进行分析
的。因此，父亲的榜样和父辈的谈论，从小就在尼耳

斯心中产生了潜移默化的熏陶作用。

尼耳斯 7 岁上小学，然后上中学，受到了良好的教育，他也是现代最伟大科学家中惟一受过老式教育的人。传统呆板的教育未能禁锢住聪明好动的尼耳斯。海涅谈及斯宾诺莎时说的一句话，十分适合小玻尔：把他教育成人的不仅是学校而且还有生活。

生活中的尼耳斯热爱体育运动，擅长摆弄和安装机械装置，具有较强的动手能力。他很早就掌握踢足球和滑雪的技巧，热爱郊游，善良正直。

1903 年，尼耳斯进入丹麦最著名的哥本哈根大学，主修数学和自然科学，尤其热爱物理学等课程。担任玻尔物理学老师的克瑞斯蒂安森教授，是一位既懂实验，又懂理论的多面手。在辐射理论、气体的扩散和电磁学方面都有过独创性的贡献。他一直担任尼耳斯的导师，指导尼耳斯作了硕士论文和博士论文。

尼耳斯在小学时代以及中学大学

→ 玻尔的母亲爱伦·玻尔

←哥本哈根大学

时代都遇到了无可挑剔、忠于职守的老师，教育就像托起飞机冲向蓝天的跑道。

大学生活对于玻尔来说，是健全充实的。他选择了大量的自然科学课程，还选修了父亲好友于夫丁教授的哲学课。教授那文雅睿智的言谈，童年玻尔在家中的餐厅里早已五体投地地聆听过了。教授像展示珍宝一样向学生们展示16～18世纪的主要哲学派别。他所强调的只是问题的提出而非解答。他有一句名言，影响了玻尔："任何解答都是死的，问题却是活的。否则，哲学就不会有那么持久的生命力了。"

玻尔为哲学家斯宾诺莎的"心物平行论"所吸引，更为哲学认识论所倾倒。哲学家穆勒的一本小册子《一个丹麦学生的故事》，让他爱不释卷。书中谈到：

在认识的过程中，我们每个人既是演员，又是观众。人们在认识任何事物时，在很多情况下，常常把自身分成两个彼此愚弄的人，互相对峙，互相嘲讽，最终一个占了上风。

认识过程的神秘，抓住了玻尔的思维，以致他一度考虑改学认识论，甚至决心有朝一日能写一本有关思维理论的著作。

尽管有哲学、认识论以及体育足球的诱惑，玻尔的主要兴趣还是在物理学上。他对自然界的好奇心实在是太强了。在大学无机化学课，玻尔总是创造打破纪录的损坏器皿的"业绩"，他总想打破旧框框，好奇心几次引致了实验室内的小爆炸，每当此时，人们头都不抬就说"是玻尔干的"。事实每次果真如此。强烈的好奇心驱使他到处乱闯，也正是好奇心最终导引他步入了奥妙的原子微观世界。

爱因斯坦十分推崇好奇心，认为它比什么都重要，是一个人能否从事科学的禀赋所在。一大群出名的教授围绕着玻尔，每个人都让他痴迷，追随完这位教授，又跑去找那位教授，从哲学家到实验大师，这个转变过程可是太不着边际了。有人问到玻尔时，他说："我愿努力工作。"

玻尔的物理教授克里斯蒂安森是一个擅施影响的

← 1903 年大学入学后，玻尔与几位同学的合影。

教师，更是一个长于塑造心灵的长者。在课堂上，他一会儿大讲物理学上德国学派的理论贡献如何如何，一会儿又剖析英国学派的实验贡献怎么怎么样，更让玻尔叫绝的是，他总是让两国物理学派打仗，常常是"战火纷飞、炮声隆隆"，双方打得不可开交却又各不服输。丹麦因其邻近德国，又与英国关系密切，所以玻尔深爱这两个国家，处于接受两国物理学派影响的有利地位。后来，作为一个伟大的物理学家，上述两个方面得到了很好的结合。哥本哈根学派既有德国学派那精湛的理论修养，又具有英国学派那深刻的实验技能，成功地将两者结合在一起，创立了原子核物理学辉煌的历史。

年轻时的玻尔

尼耳斯·玻尔没什么踌躇，就臣服于物理学之下了。他决定攻取物理学学位。不过，当时哥本哈根大学的物理研究课题，并没有什么很先进的内容，必修的实验课份量也很轻，这一切使得玻尔得以继续享受在知识中漫游的乐趣。

由于玻尔是一个聪颖刻苦的学生，这种知识的漫游使他在各个领域，尤其是物理和哲学领域中扎下了深深的根基，为日后取得诺贝尔物理大奖和雄踞原子核物理学峰巅奠定了基础。

1905年，丹麦科学院也仿照欧洲其他国家，悬赏征求物理学论文，题目是关于液体表面的张力。玻尔参加了论文应征，结果有两篇论文被选中。经过竞赛委员的慎重评议，最后玻尔和另一位同获科学院金质奖章。玻尔时年21岁。

当时，丹麦有一个值得赞扬的惯例，凡是物理专业成绩突出的学生，都得向同学们发表一篇自选课题的讲演。尼耳斯·玻尔选择当时最先进的放射性。这使他开始涉猎了当代物理学。

放射性是1895年由德国物理学家伦琴发现的，后来贝克勒尔、居里夫妇又推动了这项研究，他们3个人为此荣获1905年诺贝尔物理学奖金。

俗语说，无巧不成书，好像著书人有意将巧事穿在一起来说似的。其实，生活本身就是充满机巧的。

几乎与玻尔同时，一位来自新西兰的卢瑟福正在英国动手测定铀的放射性，他把视点放在了射线的穿透力上。这位新西兰籍的科学家后来成为了玻尔的恩师。

玻尔的学位论文是在丹麦美丽的福奈岛上研究撰写成的，就在这个安详静谧的小岛上，当年的安徒生曾经创作出许多优美动人、流芳百世的童话。在撰写学术论文的同时，玻尔又为丹麦著名哲学家基尔凯郭尔的著作而倾倒。玻尔一生同时喜欢物理学和哲学两个学科，最终他的学术研究产生了重大的影响，也是在这两个领域之中。科学的哲学背景和哲学的科学论证，一直是玻尔喜爱的话题，这种爱好就是从福奈岛上阅读人文社会科学著作时培养起来的。

1909年底，玻尔开始准备他的博士论文。在20世纪早期的欧洲，大学毕业之后继续从事研究工作的人，一般都以准备博士论文攻取学位，来深化自己的研究水平。玻尔选定的博士论文题目，是一个高度理论化

又高度实践性的问题，即依据一些尽可能普遍的假设，努力建立起一种尽可能严密的、逻辑上合理自洽的金属电子论。

要知道，那可是1909年呀！当时距离德国物理学家德鲁特等人提出经典自由电子论不足10年，提出原子的电子模型理论不足5年，几乎与美国物理学家密立根应用带电油滴测定电子电荷量同时。电子此时还像一个"犹抱琵琶半遮面"的抚琴女，遮遮掩掩不肯露出真相来。玻尔的雄心壮志近乎有些开玩笑的意味，这样做就意味着向整个经典物理学界包括物理学泰斗洛伦兹在内的一大批学者进行全面的挑战，挑战者却只有一个年轻的玻尔。

19世纪末至20世纪初，被称为物理学伟大的黄金时代。1895年德国伦琴发现X射线，1896年法国贝克勒尔发现铀的放射性，1899年英国汤姆逊发现了比原子还小的亚粒子——电子，同年著名的居里夫妇分离出镭和钋，普朗克酝酿提出了"量子论"，科学实验和科学理论几乎同步飞速地向前发展。除了量子论，1898～1900年，物理学界提出经典自由电子论，用以解释固体金属导电的性质。1900年德国物理学家普朗克提出量子论。1904年建立原子结构模型。1905年爱因斯坦提出"光量子论"。1906年德国能斯特发现热力学第三定律。

让我们翻开著名学者葛能全编著的《科学技术发现发明纵览》一书，从1895～1905年，仅这10年物理学就产生了45项重大的发明和发现。这是一个高产丰收的10年。其中，围绕着原子结构的研究是一个核心，电子是其中重要的组成部分。在关于电子理论中，汤姆逊和洛伦兹又是雄踞实验和理论的两大泰斗。

玻尔要闯过所有这些难关，一个一个击倒对手，才有可能问津金属电子理论的核心内容。

事实上，玻尔在博士论文的撰写过程中，确实曾经伤透了脑筋，遭遇了难以想象的困难，付出了艰苦的劳动，饱尝了学术研究的甘苦，有力地考验和锻炼了他的能力和意志。好几次，遇到难以克服的学术困

↑1921年拍摄的物理研究所外貌，现已被命名为玻尔研究所。

难，他辗转反侧，几乎想扔掉该死的博士论文，但最后还是坚持下来了。

1911年仲春，玻尔的博士论文进行正式答辩。这次答辩总共用了一个半钟头，历时之短据说打破了哥本哈根大学的历史记录。因为玻尔的研究水平已远远超出主试的专家们，他们并没有提出什么实质性的质询。著名数学家伽尔德是答辩委员会成员，他说的话是实事求是的：在丹麦还没有足够了解金属电子论的人，人们还不能充分地意识到论文的重要性。

1911年5月13日答辩结束后，玻尔获得了哥本哈根大学的哲学博士学位。此后不久，玻尔与一位温柔雅致的玛格丽特小姐订婚。玻尔真是不同寻常，整个夏天，他同玛格丽特一起游玩，他们一起去划船，去乡村远足，让疲惫的身体得到充分的休息，让完全逻辑化了的大脑重新欣赏丹麦美丽的山光水色。

玻尔一生都在逻辑化思维和形象化休息之间，寻求着人生的合谐。他疯狂地读着安徒生美丽动人的童话，读着基尔凯郭尔的优美散文随笔；用最甜蜜的语言给玛格丽特这位伴随他走完人生的姑娘写情书，献殷勤；参加乡间的露天舞会，尽情狂欢。

历史是公平无比的，在这之后他就挑起物理学发展的沉重担子，去同劳累苦难拼搏。

相关链接

XIANGGUAN LIANJIE

哥本哈根理论物理研究所

哥本哈根理论物理研究所是由丹麦哥本哈根大学理论物理教授尼耳斯·玻尔于1921年3月倡导成立的，曾在量子理论尤其是量子力学方面的研究中作出了杰出的贡献，很快成为当时国际物理学的三大研究中心之一，被许多物理学家誉为"物理学界的朝拜圣地"和"量子力学的诞生地"。

该研究所积极提倡科学上的国际合作，一些世界著名的物理学家都曾在这里工作、学习或讲学、访问。几十年来，哥本哈根理论物理研究所培养了600多名外国学者，其中很多人成为世界著名的科学家，获得诺贝尔奖金的就有10人以上。

研究所之所以能取得辉煌的成就，主要原因是这里有一种闻名于世的哥本哈根精神，即：谦虚、坦率、热烈、自由、平等的学术讨论和充分的国际合作精神。正是这种优良的精神品德，使他们成功地建立了世界一流的理论物理学派——哥本哈根学派。这个学派坚持从实验事实出发建

立理论，并以实验结果检验理论的正确性，因而找到了解决量子力学问题的正确途径，建立了矩阵力学，发现了测不准关系，提出了量子力学的统计解释，为现代物理学的革命建立了卓越功勋。

哥本哈根学派的成就不仅在于自身的学术讨论结果，还在于他们同以爱因斯坦为代表的科学大师们的尖锐论战。论战的结果还有待于物理学的进一步发展才能澄清，但这种不畏艰难，勇于坚持真理的精神就足以使玻尔和他的哥本哈根学派名载史册。

为了表彰玻尔对原子科学的贡献及其为丹麦带来的荣誉，丹麦国王破例授予他荣誉勋章。1965年，当玻尔80岁诞辰时，人们决定将哥本哈根理论物理研究所改名为尼耳斯·玻尔研究所，以示后人对他的敬仰和怀念。

恩如父子 情同手足

> 卢瑟福，对于我则几乎是像第二个父亲一样的。

——玻　尔

　　玻尔还沉浸在夏日嬉戏的快乐之中，由一个丹麦爱国实业家设立的"卡尔斯伯基金"决定资助玻尔，到英国留学一年，全部费用由基金提供。

　　玻尔一生在几个关键时刻都得到过卡尔斯伯基金的慷慨资助。为扶持丹麦科学文化的发展而设立的卡尔斯伯基金，通过资助玻尔而对全人类的文明做出了不可磨灭的贡献！它虽然不如诺贝尔奖金那样著名，但是对于人类贡献而言，两者堪称仲伯，因为仅哥本哈根学派就培养了20多名诺贝尔奖金获得者。

　　告别了热恋中的未婚妻，玻尔于1911年的9月底来到了英国的剑桥。

　　由伦敦开来的火车喘着粗气终于停了下来，26岁的玻尔三步并作两步走下列车，他的目光落在了"Cambridge"——剑桥的标牌上。Cambridge，科学和知

识的中心，牛顿、达尔文、汤姆逊的剑桥，永恒的剑桥。现在，他，尼耳斯·玻尔，也来到了剑桥！玻尔的脑海里涌现出英国伟大诗人、哲学家斯宾塞的诗句：

剑桥，我的母亲城！

在她那顶冠冕上

缀有多少睿智，多少冥想……

剑桥，不仅是英国的剑桥，欧洲的剑桥，更是人类的剑桥，它创造的科学文化及知识永远在人类智慧宝库中熠熠发光。

↑1934年，玻尔访问苏联时，与著名生理学家巴甫洛夫会面。

玻尔到达剑桥后，第一项任务就是拜访他仰慕已久、大名鼎鼎的J·J·汤姆逊。玻尔十分熟悉汤姆逊，在他的博士论文中，引证文献最多的人是汤姆逊，所受启发最大处来自汤姆逊，当然发生问题及差错最多的文章也是汤姆逊写的。

玻尔与汤姆逊见面伊始时，双方是比较满意的。玻尔怀着崇拜敬仰的心情，汤姆逊也颇有风度。玻尔留在了剑桥大学卡文迪许实验室。

年轻气盛、不谙事故的玻尔与老气横秋、留恋荣誉的汤姆逊的进一步交往却十分不愉快。著名的中国学者梁启超几乎在玻尔到达剑桥的同时代，写过《少年中国说》一文，文中梁公论述过少年与老年的差异："老年人常思既往，少年人常思将来。少年人常好行乐，老年人常多忧虑。老年人常厌事，少年人常喜事。老年人如夕照，少年人如朝阳；老年人如瘠牛，少年人如乳虎；老年人如僧，少年人如侠；老年人如秋后之柳，少年人如春前之草；老年人如死海之潴为泽，少年人如长江之初发源。"

年少不经事的玻尔，直言汤姆逊学术论文中的差错、毛病、不足，他深信汤姆逊也急于知道自己错在何方。但这些举动冒犯了汤姆逊这位英国绅士，从此，汤姆逊开始冷落玻尔。不是说没有时间，就是时间来

↑1911年，玻尔在玛格丽特家中拍摄的照片。

不及，总之，汤姆逊搪塞玻尔。玻尔慢慢感受到了这一点。

很快，一个多雪的圣诞节降临剑桥。玻尔独自一人呆在这里，远离假日里欢乐而亲切的丹麦，远离温存有加的未婚妻，再加上汤姆逊的冷淡，真让玻尔有些寒心了。他开始怀疑自己在这里能不能干出什么名堂来……仿佛是巧合，这时候，热情大方的卢瑟福从曼彻斯特来到剑桥，他刚在布鲁塞尔参加第一届苏尔维会议，顺路拜访剑桥。两个人相识了。卢瑟福判断人的本领也和他的科学洞察力一样，他看出玻尔是一块难得的浑金璞玉，很快邀请玻尔到自己的实验室工作。这一邀请，使玻尔生活历程有了转机。

第二年4月初，玻尔来到了曼彻斯特，这里与庄严明媚的剑桥相比，简直不适合学术研究：拥挤的城市，混浊的空气，嘈杂喧嚣的人群。卢瑟福怕玻尔想家，解释说"这儿是个相当繁忙的地方，除了这些，它还有许多优点，一批优秀的同事，仁爱好客的居民"，卢瑟福的确是一个细致入微的科学家。玻尔很快喜欢上曼彻斯特了，这里是青年一代的天堂。此时，作为剑桥大学毕业生刚满40岁的卢瑟福已经聚集了一大批年轻人，像盖革、马斯顿、马考瓦、海乌希等。有教养的年轻人一聚到一起，彼此之间就会产生无形的吸引力，就会产生伟大的发现和创造。

在玻尔到达曼彻斯特的前几年，卢瑟福已在科学上作出了几项足以让他青史留名的发现：通过研究 α 粒子束轰击物质靶时发现了原子核；通过统计 α 粒子偏折又发现原子核占极小空间；通过研究粒子发射射线而发现元素的嬗变，等等。玻尔的来到，强化了这里的力量。

曼彻斯特的这一群体中，大体上有两大类人，长

← 哥本哈根大学

于实验的盖革、索迪等；长于计算的 C·C·达尔文
——发现生物进化规律的伟大达尔文的孙子等。人们
通常以为，实验的数据产生实验家，理论产生于数学
家的计算，其实，这里还需要一类人，他们能够提出
让实验家懂得的概念或模型，同时能把这些概念或模
型化为公式、方程让数学家推导计算。玻尔所长正在
这里。

卢瑟福睿智大度的总指挥，盖革们精巧如丝的实
验技能，达尔文们缜密的推导计算，再加上玻尔擅长
提出概念、模型，这一切就足够了。

玻尔迅速地投入到卢瑟福的攻坚军团中，他根据
对汤姆逊等人的原子核模型的分析，提出了"量子式半定量化的原子核模型"。玻尔结合了普朗克的"量子论"和卢瑟福、长冈半太郎的"行星式原子模型"，一举突破了物理学界

→玻尔与尼赫鲁

的难题，他相继还提出了"电子轨道"、"量子数"和"能级"等概念。

玻尔只在曼彻斯特呆了4个月。在这短短的期间（相当于呆在剑桥的一半内，玻尔归纳出了即将导致一场物理学革命的观念。他还找到了自己生活与工作的楷模——卢瑟福。

卢瑟福把实验室看作是来自世界各地的优秀青年的圣地，他鼓励他们尽可能达到最高的高度。在曼彻斯特实验室，卢瑟福鼓励玻尔一伙年轻人自由研究讨论，同时敦促他们尊重事实，一丝不苟。无论多么紧张的工作，实验室里总是有笑声，同事们愉快地相处，玩笑。生活离不开幽默，否则生活就会变酸。在玻尔离开曼彻斯特时，他知道了实验室应该是什么样子的。

1912年8月1日，玻尔与他心爱的姑娘玛格丽特·诺伦德在哥本哈根结婚。新娘子美丽贤惠，很快就成为玻尔的科学助手。

这是一对令人钦慕的情侣佳偶。婚后，玻尔夫妇去挪威度假。在蜜月途中，玻尔完成了关于原子核结构论文的第一稿。他做口述，新娘子用娟秀流畅的字体书写，并对他的英文进行润色。这种分工很快就在玻尔夫妇的生活中固定下来。玛格丽特成了丈夫的秘书，玻尔早期最富创造力的所有论文和信函都出自她

的手笔。

这对幸福的鸳鸯又到了英国，把写好的手稿交给卢瑟福。玻尔后来回忆说："卢瑟福夫妇亲切接待了我们，这为我们两家多年的亲密友谊奠定了基础。"玻尔回到祖国以后，担任哥本哈根大学讲师，研究注意力转向原子结构的光谱学规律，他关于原子的观念也有了很大进步。还不到两年，卢瑟福盛情邀请，玻尔夫妇来到英国曼彻斯特。

与此同时，第一次世界大战爆发了。

曼彻斯特实验室太需要玻尔，行前卢瑟福就以慈父般心肠为玻尔争取到了一笔200镑的年薪。由于战争，有人去服兵役，而且从军人数还在不断增加。年轻大有作为的同伴莫斯莱已死于这场该死的战争。玻尔到达曼彻斯特以后，不得不承担起大部分教学工作，因为卢瑟福不久前去了澳大利亚的墨尔本。在莫斯莱应征从军前，玻尔有短暂的机会和他相处。莫斯莱和C·C·达尔文关于X射线的研究，成为玻尔进一步深化研究原子核结构的契机。

X射线原来是伦琴的发现。但是他没有弄清楚X射线的产生机制。玻尔仔细地研究了所有的X射线资料，他设想X射线是从原子最内层电子轨道跑出的电子产生的，这一过程将产生其特有的光谱。玻尔和莫斯莱互相启迪，研究在逐渐深入。在科学发展的历史上，科学名星们互相碰撞，放射出科学发现的火花，产生一系列成果的事情是相当普遍的。莫斯莱通过实验很快弄清了各元素的序数等于其原子核内的核电荷数。给出了门捷列夫元素周期律的满意答案。科学史家们经常说，卢瑟福关于原子核的发现、玻尔对原子结构的预言、莫斯莱对元素周期性的认识，是三大曼彻斯特发现，他们是密切相关的。卢瑟福启发了玻尔，玻尔启发了莫斯莱。

战争终于向科学施虐了。按照兵役法，莫斯莱必须服一段时间兵役。尽管卢瑟福和玻尔规劝莫斯莱接受一个能够发挥自己专长的职务，莫斯莱却坚持参加

↑玻尔拜访卢瑟福时在剑桥留影纪念

↑1953年，玻尔参加魏茨曼研究所的奠基典礼。

了工兵部队，被指派为一名通讯军官。

研究工作越来越困难了，有的研究人员去了兵工厂，有的人当上了炮兵。卢瑟福也被拖进日益增多的军事任务，军方要求研究出探测潜水艇的方法。因为德国潜艇已给英国联合舰队以重创。

不久，一封电报送到了曼彻斯特实验室：莫斯莱死了。这位才华出众、已经做出令世界震惊的科学发现的青年人，在达达尼尔海峡的苏瓦海滩登陆战中阵亡。他只活了29年，是科学界的一位天才，如果他还活着的话，肯定会荣获诺贝尔奖金的。

科学的生命是顽强而倔强的。在战火纷飞的一年里，玻尔觉得应该用科学的新发现来完善自己的理论。东抓西凑的时间成为他最好的资源，1915年发表在《哲学杂志》上，题目是"论原子结构与辐射的量子理论"的长篇论文，就是在这一氛围中撰写的。

即使是战争，也丝毫没能减少卢瑟福和玻尔研究工作乐趣。多少年来，卢瑟福总是每月举行一次聚餐，参加者多是智慧超人的学者、专家和教授，他们那思想的辉光冲撞汇合，造成更大的智力雪崩。卢瑟福十分看重玻尔的才华。玻尔也得到邀请，他被看成了一位值得敬重的朋友和合作者。玻尔这样回忆这段交往："对我来说，这是一段最愉快、最受益的经历。"

每个人都按照另外一个人的样子形成自己的一生。毫无疑问，玻尔也是自觉或不自觉地模仿着卢瑟福。

玻尔心目中的科学研究中心的样子越来越鲜明了：设备精良的实验室，献身科学的执著精神，五湖四海科学家的合作，像卢瑟福那样的科学家兼领导人的主持者。特别是玻尔对卢瑟福怀着崇敬、爱戴的诚挚，他希望自己也能像卢瑟福那样，把周围一切力量调动起来，形成一股巨大的合力。这是一个既工作，又娱乐的地方，正因为工作有张有弛，才使高级脑力活动的成就得以达至峰巅。

事实上，玻尔回到丹麦，他思想的最深处就有了在哥本哈根建立一个全新的理论物理部门的强烈愿望。

玻尔在曼彻斯特工作时，学术成就直线上升，哥本哈根大学期望他回去，并正式授予他新设置的理论物理学教授的职称。

玻尔虽然舍不得离开曼彻斯特，

玻尔夫妇在玻尔七十寿辰时拍摄于宅邸内的长椅上

离开卢瑟福及同伴，但是祖国的事业等待着他，丹麦落后的物理学需要有一大批人去振兴。

科学没有国界，但科学家热爱自己的祖国。玻尔也不例外。

玻尔第二次从曼彻斯特回到了丹麦。

相关链接
XIANGGUAN LIANJIE

卡文迪许实验室

卡文迪许实验室是英国剑桥大学的物理实验室，实卡文迪许实验室旧址入口际上就是它的物理系。剑桥大学建于1209年，历史悠久，与牛律大学同为英国的最高学府。剑桥大学的卡文迪许实验室建于1871年到1874年间，是当时剑桥大学的一位校长威廉·卡文迪许私人捐款兴建的。他是十八世纪到十九世纪对物理学和化学做出过巨大贡献的科学家亨利·卡文迪许的亲属。这个实验室就取名卡文迪许实验室，当时用了捐款8450英镑，除去盖成一栋实验楼馆，还买了一些仪器设备。

负责创建卡文迪许实验室的是著名物理学家、电磁场理论的奠基人麦克斯韦。他还担任了第一届卡文迪许实验物理学教授，实际上就是实验室主任或物理系主任，直至1879年因病去世(年仅48岁)。在他的主持下，卡文迪许实验室开展了教学和多项科学研究，按照麦克斯韦的主张，在系统

地讲授物理学的同时，还辅以表演实验。表演实验则要求结构简单，学生易于掌握。他说："这些实验的教育价值，往往与仪器的复杂性成反比，学生用自制仪器，虽然经常出毛病，但他却会比用仔细调整好的仪器，学到更多的东西。仔细调整好的仪器学生易于依赖，而不敢拆成零件。"从那个时候起，使用自制仪器就形成了卡文迪许实验室的传统。

实验室附有工厂，可以制作很精密的仪器，麦克斯韦很重视科学方法的训练，特别是科学史的研究。同时，卡文迪许实验室还进行了多项研究，例如：地磁、电磁波速度、电气常数的精密测量、欧姆定律实验、光谱实验、双轴晶体等等，这些工作起了为后人开辟道路的作用。

麦克斯韦的继任者是瑞利。他在声学和电学方面很有造诣。在他主持下，卡文迪许实验室系统地开设了学生实验。1884年，瑞利因被选为皇家学院教授而辞职，由28岁的汤姆逊继任。在他的建议下，从1895年开始，卡文迪许实验室实行吸收外校（包括国外）毕业生当研究生的制度，一批批的优秀青年陆续来到这里，在汤姆逊的指导下进行学习与研究。

在他任职的三十五年间，卡文迪许实验室的工作人员开展了如下工作：进行了气体导电的研究，从而导致了电子的发现；进行了正射线的研究，发明了质谱仪，从而导致了同位素的研究；对基本电荷进行测量，不断改进方法，为以后的油滴实验奠定了基础；膨胀云室的发明，为基本粒子的研究提供了有力武器；电磁波和热电子的研究导致了真空二极管和三极管的发明，促进了无线电电子学的发展和应用。其他如X射线，放射性以及α、β射线的研究都处于世界领先地位。

卡文迪许实验室在汤姆逊的领导下，建立了一整套研究生培养制度和良好的学风。他培养的研究生当中，著名的有卢瑟福、朗之万、汤森德、麦克勒伦、布拉格、里查森、巴克拉等等，这些人都有重大建树，其中有多人得诺贝尔奖，有的后来调到其他大学主持物理系工作，成为科学研究的中坚力量。

1919年，汤姆逊让位于他的学生卢瑟福。卢瑟福是一位成绩卓著的实验物理学家，是原子核物理学的开创者。卢瑟福更重视对青年人的培养。

在他的带领下，查德威克发现了中子，考克拉夫特和瓦尔顿发明静电加速器，布拉凯特观察到核反应，另外还有电离层的研究，空气动力学和磁学的研究等等。

1937年，卢瑟福去世后，由布拉格继任第五届教授，以后是莫特和皮帕德。70年代以后，古老的卡文迪许实验室大大地扩建了，研究的领域包括天体物理学，粒了物理学，固体物理以及生物物理等等。卡文迪许实验室至今仍不失为世界著名实验室之一。

应该指出，卡文迪许实验室之所以能在近代物理学的发展中做出这么多的贡献，有它特定的时代背景和社会条件，但是它创造的经验还是很值得人们吸取和借鉴的。

现代科学的"双子星座"

> 我从你那里学到了很多东西，特别是学到了你怎样很有感情地处理科学问题。
>
> ——爱因斯坦
>
> 我能够和你相提并论地被考虑授予这一奖励，这是我从外界所能得到的最大的荣誉和欣慰。
>
> ——玻　尔

这是两位科学巨人之间的通信中的话语。

玻尔回到丹麦，全身心地投入到建立原子核结构理论。他随时与卢瑟福通信联系，共同探讨原子核与电子的关系。战争刚刚结束了，卢瑟福——玻尔原子模型也诞生了。

以卢瑟福精湛的原子核实验技巧，再加上玻尔深邃的哲理性思维，原子模型成为全世界科学界关注的一个重要热点。

真可谓"莫愁前路无知己，天下谁人不识君"，玻尔成为闻名物理学界的知名人士。名誉和赞许、各地邀请玻尔前去讲学、演讲的信函，像雪片一样飞来。

经过反复权衡，玻尔接受了普朗克的邀请，于1920年春前往柏林讲学。对于玻尔来说，这哪里是一次柏林讲学之行，这是赴 量子论圣地朝见普朗克之旅。他从了解物理学时起，就知道量子论，就敬仰量子论创始人普朗克。

普朗克是1900年提出了"量子论"的。所谓量子论，就是说能量在极其微小的单位比如原子中的变动，是有最小份额并且呈现非连续性的。普朗克之前的物理学界以为能量像电磁场一样，是连续性变化的。普朗克的量子论推翻了这一认识，他所谓"量子"就是能量变动时的最小单位。普朗克的"量子论"是20世纪物理学理论的重大发现，为此他荣获了1918年度的诺贝尔奖金。

在柏林，62岁的普朗克礼貌而真挚地接待了玻尔。作为德国物理学界享有最高威望的长者，普朗克向玻尔逐一介绍了德国物理学界的英才俊彦：弗朗克、拉登堡、朗德、柯塞尔和爱因斯坦。这是玻尔和爱因斯坦的第一次会面。4月27日，玻尔在德国物理学会作了题为《论各元素的线系光谱》的演讲。演讲中，他第一次正式地、公开地使用了"对应性"和"对应原理"之类的名词。

特别值得一提的是，玻尔的柏林之行，与"伟大的20世纪牛顿"——阿尔伯特·爱因斯坦相识。两个人一见如故，互赠了礼物，彼此留下了美好的印象。

← 1930年，普朗克访问哥本哈根时的留影。

↑1954年在普林斯顿合影，左一为玻尔，左三为爱因斯坦。

爱因斯坦因1905年同时发表了3篇具有深刻物理意义的论文而奠定了20世纪的物理学基础。这3篇论文分别就分子运动论、狭义相对论和微观物理的光子运动，作出了开拓性的深入研究。科学史家们常说，爱因斯坦的这3项学术研究每一项都可以独得一个诺贝尔奖金。爱因斯坦是20世纪科学史上的无以伦比的科学巨匠。

玻尔与爱因斯坦都十分清楚地知晓对方的份量，认真谨慎地审视着彼此的科学发现。他们除了开大会时必谈物理之外，会议之外每一分钟几乎也在对物理学进行不断深入的讨论。

　　这两位科学巨人成了一对学术探讨上的好朋友。他们互相交流自己的看法，指出对方的不足，赞赏对方的智慧。他们越是相知，就越清楚地了解对方理论的缺点，于是乎，后来两人就进行了长达半个多世纪的"爱因斯坦——玻尔对话"，这既是学者之间的交流，又是朋友之间的对话，还是不同学术观点之间的论战。

　　他们之间的感情是笃洽亲密的。他们是在为探索大自然奥秘进行交锋，受益的是全人类。我们可以毫不夸张地说，撰写爱因斯坦传记不能不说玻尔，撰写玻尔的传记不能不说爱因斯坦。

　　他们一起探讨微观高速运动的原子世界，又都参

← 玻尔在讲解黑板上符号的含义

与了原子弹的研制，所以人们把他俩叫做"20世纪科学天空的'双子星座'"。

玻尔与爱因斯坦争论的话题，直到今天还没有哪一个物理学家能够最终解决。

邀请外国的学者讲学，听他人谈自己的研究成果，尽是不熟悉的词语，尽是不熟悉的概念，但是它带来了外界的清新之风，能对听讲者形成一种压力，能推动科学研究的进步。可是，那些刚入门的大学生们没能听懂多少。听了玻尔演讲的一帮年轻人，特别邀请玻尔给他们解释一些问题。他们连珠炮似地发问，而玻尔则风趣幽默高高兴兴地回答，或者说高高兴兴地引导大家讨论出答案来。这群年轻人一下子爱上了他。后来，一大批德国出类拔萃的青年投奔玻尔教授，不能说与此次会面无关。

早在1916年玻尔应聘担任哥本哈根大学理论物理学教授时起，他就打算建立一个自己心中的科学研究中心。战争结束后，玻尔全身心投入到筹建工作中。玻尔认为，一个大学的教师应该把自己的精力既用于讲课，又用于研究。

在担任理论物理学教授初期，只有七八个学生听玻尔讲课。随着讲课内容越来越涉及原子理论，一些教员也来听课，逐步地学生多起来了。玻尔是一个热

↑玻尔与著名爵士乐手阿姆斯特朗合影

衷讨论式教学的人，讨论一热烈，他就忘了时间。学生们也乐此不疲。师生们共同享受着以思维把握本质的精神生活的乐趣。

经过坚韧不拔的努力，学校同意成立一个研究所，又是那个卡尔斯伯基金会慷慨解囊，筹建研究所不足的款项全由基金会募捐。

1920年中秋前后，哥本哈根大学理论物理研究所终于建成。卢瑟福夫妇特地从英国赶来祝贺，爱因斯坦等德国朋友都来信、来电祝贺。

在典礼中，玻尔兴奋地演讲，叙述着艰辛的筹备过程，预言着研究所的美好未来。

一 玻尔与孙子在花园玩耍

"在科学研究中，一个人是不能确保自己一定有所建树的，可能会出现某些阻碍，只有新的观点才能克服它们。因此，重要的一点是，不要只依靠特定的一批科学家的能力和本领。而应持续地产生具备科学方法和作出成果的年轻科学家，这一任务要求通过科学讨论来实现。在年轻人自己做出贡献的同时，新的血液和新的观点也就会问世。"玻尔的思想成了建立研究所未来的方针。

中国著名的玻尔研究专家戈革教授，曾经专门谈到过，在欧洲，研究所——Institute一词并不是指一个专门的研究机构，而是一个既进行科学研究又培养青年学生的地方。在欧洲，许多教授都有自己的研究所，那里往往是一栋或半栋楼房，那里有他的实验室、图书室、工作室和他的住处，他在那里工作，也在那里生活。

玻尔的Institute是一座四层楼的建筑，最底层有一半建在地下。走上几步台阶，穿过一扇双层大门，就来到前厅和演讲厅，演讲厅里设有阶梯式座位和一块大黑板，准备供讨论会用。

图书室设在第二层，房间大小中等，从窗口可看到公园。最顶上一层当作餐厅。其它房间是实验室和办公室。玻尔的家也安在这里。用不了多久，这个研究所就要全世界闻名了。

欧洲在发展科学的过程中，一贯是慷慨大方的，玻尔建立研究所的过程中，得到了各个方面的赞同和支持。首先哥本哈根大学当局同意了他的请求。在购买建筑用的地皮方面，市政当局一次又一次地给予了优待。卡尔斯伯基金会提供了相当的帮助。玻尔的老同学贝尔勒姆已成为实业家，他主动为研究所募集了

← 玻尔作带电粒子穿透问题演讲

→玻尔与瑞典国王亲切交谈

大约8万丹麦克朗的私人捐款，还有一个不肯透露姓名的人捐助了1万丹麦克朗。在国外订货方面，英国的仪器公司也在外汇兑换率方面给予了优待。海运方面，班船公司一看是科学仪器也采用优惠运价。

难怪人们说，欧洲是科学的母亲，她用那营养丰富的乳汁滋养了科学技术，科学技术又造福于全人类。人们因此要感谢欧洲，感谢那些捐助科学的人。

就在玻尔筹建研究所时，卢瑟福发出了盛情邀请。他以高薪邀请玻尔去曼彻斯特大学任理论物理教授。英国的研究条件和水平是一流的，薪金又十分诱人，特别是卢瑟福身边的那种氛围……然而，玻尔复信给卢瑟福，阐明了自己的观点：

      我非常喜欢再次到曼彻斯特去。我也知道，这对我的科学研究会有极大的重要性。但我觉得不能接受这一职务，因为哥本哈根大学已经尽全力来支持我的工作，虽则它在财力上，在人员能力上，以及在实验室的经营上，都远远达不到英国的水平。

我确实知道，我在这里的工作绝对不会赶上和您一起工作的效果，但我仍认为，我的职责是在这里尽我的全部力量工作。

卢瑟福并没有马上放弃自己的想法，他一直在争取玻尔到英国去工作。关心玻尔的不止卢瑟福，还有爱因斯坦。

玻尔的性格不同于爱因斯坦。他一直是率领和吸引一大批人去攻克科学的堡垒，爱因斯坦则我行我素，

1953年，丹麦土木工程师学会社里了玻尔奖章，用来奖励在原子科学方面有杰出成就的人。

费米（左）、海森堡（中）、玻尔（右）在罗马会议休息期间的合影。

孤独一人地去钻研科学问题。从现代科学发展的复杂性上看，应该说玻尔模式更适合今天，爱因斯坦模式则过于陈旧了。作为现代科学家的一个特点，就是能够并善于团结一大批科技工作者去联合攻关。

玻尔自己成立了广纳四海精英的研究所，以实验和理论去攻克量子力学上的难题，他们有十分精当的分工，建立起一个庞大的哥本哈根学派。爱因斯坦则彳亍徘徊地在普林斯顿大学高级研究院中，他主要依靠他那超群的大脑和通过精心设计的"理想实验"。

玻尔年仅35岁就担任了哥本哈根大学理论物理研究所的所长，人虽年轻，但很快就表现出了像他恩师卢瑟福所特有的那股帅气，具有了一个科学帅才的秉赋。

哥本哈根要热闹起来了。

相关链接
XIANGGUAN LIANJIE

互补原理

1928年，玻尔首次提出了互补性观点，试图回答当时关于物理学研究和一些哲学问题。其基本思想是，任何事物都有许多不同的侧面，对于同一研究对象，一方面承认了它的一些侧面就不得不放弃其另一些侧面，在这种意义上它们是"互斥"的；另一方面，那些另一些侧面却又不可完全废除的，因为在适当的条件下，人们还必须用到它们，在这种意义上说二者又是"互补"的。

按照玻尔的看法，追究既互斥又互补的两个方面中哪一个更"根本"，是毫无意义的；人们只有而且必须把所有的方面连同有关的条件全都考虑在内，才能而且必能（或者说"就自是"）得到事物的完备描述。

玻尔认为他的互补原理是一条无限广阔的哲学原理。在他看来，为了容纳和排比"我们的经验"，因果性概念已经不敷应用了，必须用互补性概念这一"更加宽广的思维构架"来代替它。因

此他说，互补性是因果性的"合理推广"。尤其是在他的晚年，他用这种观点论述了物理科学、生物科学、社会科学和哲学中的无数问题，对西方学术界产生了相当重要的影响。

玻尔的互补哲学受到了许许多多有影响的学者们的拥护，但也受到另一些同样有影响的学者们的反对。围绕着这样一些问题，爆发了历史上很少有先例的学术大论战，这场论战已经进行了好几十年，至今并无最后的结论，而且看来离结束还很遥远。

青年俊彦的沙龙

> 你现在就要认识玻尔了，而这是一个
> 青年物理学家一生中所发生的一件最重要
> 的事情。
>
> ——埃伦菲希特

未来是属于青少年的。

玻尔深深懂得这一浅显而又奥妙无穷的道理。他意识到，欲塑造未来必先塑造青少年，欲建设未来必先培养青少年。

从理论物理研究所成立的第一天开始，玻尔就按照他自己的意识去实践了。他从自己的老师卢瑟福那里学到了团结同道和延揽人才的领导艺术。因为丹麦比较小，玻尔可能对科学研究的国际合作的重要性有更加深切的感受。事实上，在研究所实验室还尚未建成时，玻尔就提前一年把他的好朋友荷维西请到了哥本哈根，荷维西在尚未建成的实验室里就搞起放射性方面的研究了。

第一位踏进研究所大门的外国访问学者，是德国

物理学家 J·弗兰克。当时，弗兰克年仅 38 岁，是原子碰撞技术方面的专家，玻尔请弗兰克向所里的实验人员传授这方面的技术。

丹麦人大开眼界。原子在碰撞轰击下被激发，放出的辐射通过一系列精密的棱镜后，按颜色分了开来。他的实验工作对玻尔理论提供了强有力的支持。后来，弗兰克荣获了 1925 年诺贝尔物理学奖金。

从弗兰克以后，玻尔请了难以计数的著名物理学家到他的研究所中来讲学和讨论，这种科学研究的"门户开放主义"，终于将玻尔研究所办成了一个名扬

→哥本哈根，玻尔的故乡。

← 黑板前留影纪念

海内外的国际科学合作单位。

德国女数学家兼物理学家迈特纳也是最早期的访问学者。她应邀来作有关 β 辐射和 γ 射线的讲学。为了让这位虽然拘束但才华横溢的女科学家适应哥本哈根生活，玻尔夫妇请她到自己家做客，给她讲一些轻松幽默的小故事。事隔40多年之后，她还这样说："就是在今天，我还依然能感觉到那次会见的魅力。"

玻尔以诚待人，科学家们都怀念他们在哥本哈根逗留的日子。在他们的心中，玻尔的研究所是一座科学研究的圣殿。

玻尔不仅注意邀请外边的科学家，而且着力培养自己身边的科学家。克拉迈尔斯，一个鲁莽而真诚的

荷兰小伙子，战争期间作为荷兰难民飘泊到中立国丹麦的首都。玻尔收留了他，这位荷兰物理学家担任了玻尔的助手，后来被荷兰著名大学聘请去当大学教授。

玻尔在曼彻斯特大学工作时，有一位固执的匈牙利同事海维希，他很有才华，玻尔盛情邀请他到哥本哈根来工作，他在这里一干就是20年。来的时候是一个年轻的科学工作者，离开时则带着发现72号元素的收获，为了纪念他在哥本哈根的日子，他将72号元素命名为铪，即哥本哈根的别名哈夫尼亚。

克莱因来自瑞典，罗斯兰来自挪威，两个人都很年轻。他们是哥本哈根与斯堪的纳维亚国家的物理联系的载体，正像弗兰克是研究所与柏林和哥廷根联系

→哥本哈根大学

的纽带一样。当然，玻尔也和卢瑟福的英国曼彻斯特、剑桥建立了稳固的学术关系。此时，卢瑟福已迁居剑桥，担任卡文迪许实验室的全权负责人了。

玻尔在哥本哈根，卢瑟福在剑桥，形成了一个全新的物理学研究传统。他们像一个原子核一样，吸引了全世界的物理学家，把他们结合成一个紧密的合作团体。

剑桥人接连不断地来到哥本哈根，达尔文、狄拉克、福勒、穆特、哈特莱，还有其他的人，都在玻尔研究所工作了一二年，玻尔和其他哥本哈根人也常去英国。科学研究工作往往从这个实验室开始，而在那个实验室结束，论文草稿来来往往，一种新思想，一个新设计，一个新问题一经出现，就以电报比赛的速度到达每个人那里，只要一个人知道了什么，就会立即人人皆知。

→哥本哈根大学

　　研究、启发、交流，一切像原子裂变的链式反应一样，每个人的研究成果都在深化。仿佛像钟摆一样往返穿梭于哥本哈根与剑桥之间的物理学家，后来几乎都获得了诺贝尔奖金。这一时期堪称是物理学的黄金时代，也是物理学界青年人称霸的时代。

　　仅卢瑟福培养的包括玻尔在内的诺贝尔奖金获得者有13名之多。玻尔仅在哥本哈根初期就培养了7名诺贝尔奖金获得者，其中最小的狄拉克26岁完成诺贝尔奖研究项目，31岁获奖；海森堡24岁完成研究项目，31岁获诺贝尔奖金；朗道32岁完成的科研项目，后获诺贝尔奖金，等等。

　　玻尔研究所成了青年诺贝尔奖金获得者的沙龙。

玻尔特别注意很好地对待青年人。他尊重青年人的自尊心和情绪，绝对不挫伤他们的积极性，鼓励他们提出自己的看法；当他发现自己错了时，他就特别高兴地当众承认自己的错误。即使是到了晚年，当他已经获得了十分崇高的国际荣誉时，也常常为一些小问题向青年人虚心求教，这种态度常使一些不很熟悉他的青年人大吃一惊，甚至终生铭记。当1961年玻尔访问苏联时，一位苏联物理学家曾经问他："你有什么秘诀，把那些很有创造才能的青年理论家们团结在你的周围？"玻尔不假思索当即回答说："没有什么秘诀，我只是不怕在青年人面前显示出自己的愚蠢而已。"美国哲学家、教育家爱默生曾经说过，教育成功的秘诀，就在于尊重学生。在玻尔看来，这是毫无疑义的。玻尔已经将它化为自觉的行动。

一个人要实现

1961年，玻尔访问苏联时向莫斯科大学的学生们讲话。

爱默生的教诲，还要与他的天性相一致。玻尔从上小学时就是一个很得人心的人；他一生每到一个地方，都能结交一些很好的朋友（在曼彻斯特、剑桥时也不例外。玻尔乐观勤奋，豁达开朗，有幽默感，平易近人，而且直到晚年都还保持着一定的"童心"。这些性格使他很容易接近，成为一个受欢迎的人物。

青年人不但尊敬他，而且爱他。许多著名物理学家都表示，自己刚到哥本哈根时就感到那里的气氛和别处不同。海森堡回忆道，他刚到哥本哈根时有一种比不上别人的感觉，因为在那里聚集了一些来自世界各国的青年，他们大多数能说几国语言，懂得许多事情，能演奏好几种乐器，了解多种民族的文化和艺术，而最重要的是他们比海森堡懂得更多的原子物理学。

→哥本哈根大学

弗里什谈到，他刚到哥本哈根时感到那里有许多"怪人"，例如衣衫不整、胡子邋遢的普拉差克，他大白天睡觉夜里工作，而他的头脑里却充满了那么多聪明过人的思想。

1937年，玻尔夫妇和儿子访问日本。

一天，弗里什看到朗道仰脸朝上地躺在长椅上，玻尔俯身向着他，和他自然而又不拘谨地进行着"认真的争辩"，他们两人谁也不觉得有什么不自然，旁人也不觉得这有什么不妥当。每个人都已经把玻尔当成了一个老朋友。

在哥本哈根研究所的人们中间，流传着无数的有关玻尔的轶事或趣闻，人们不但和他一起工作，而且也和他一起游乐。人们作了打油诗，画了漫画，来和他开各种的玩笑。伽莫夫专门画了以玻尔为主角的卡

→哥本哈根大学

通连环漫画，而玻尔也乐得其所，显得越发高兴。

　　玻尔领导这个研究所达40年之久，他大约培养了600多名外国物理学家，短期来访者不计在内。

　　在20世纪20—30年代，当量子力学开始兴起和迅猛发展时，哥本哈根研究所简直成了全世界公认的"司令部"，它成了学者们一心向往的学术乐园。

　　人们津津乐道地称玻尔是"复活了的苏格拉底"，他用那种温和的方式向我们提出一次次的挑战，每次都把论点提高到更高的水平，从我们心中阐发出我们前所未有的智慧，那些智慧我们本来肯定是没有的。

　　物理学史专家戈革高度赞扬哥本哈根理论物理学

研究所。他说，事实上，几乎没有任何一个量子物理学家不曾从哥本哈根得到过直接或间接的启示。

作为量子力学的麦加圣地，玻尔一再强调研究所不但是进行科学研究的场所，而且是培养物理学家并培养人们对物理学感兴趣的场所。20世纪20—30年代，每个喜爱自然科学的青年人，无不向往哥本哈根玻尔研究所，因为那里标志着一个学者生活的乐趣，标志着伟大成绩唾手可得，标志着能和玻尔一道工作，标志着走向那永恒不朽的诺贝尔奖。

← 玻尔与学界精英在一起

相关链接
XIANGGUAN LIANJIE

玻尔轶事

玻尔是量子力学中著名的哥本哈根学派的领袖，他以自己的崇高威望吸引了国内外一大批杰出的物理学家，创建了哥本哈根学派。他们不仅创建了量子力学的基础理论，并给予合理的解释，使量子力学得到许多新应用，如原子辐射、化学键、晶体结构、金属态等。更难能可贵的是，玻尔与他的同事在创建与发展科学的同时，还创造了"哥本哈根精神"——这是一种独特的、浓厚的、平等自由地讨论和相互紧密地合作的学术气氛。直到今天，很多人还说"哥本哈根精神"在国际物理学界是独一无二的。

曾经有人问玻尔："你是怎么把那么多有才华的青年人团结在身边的?"他回答说："因为我不怕在年青人面前承认自己知识的不足，不怕承认自己是傻瓜。"

实际上，人们对原子物理的理解，即对所谓原子系统量子理论的理解，始于本世纪初，完成于20年代，然而从开始到结束，玻尔那种充满着高度创造性，锐敏和带有批判性的精神，始终指引着他的事业的方向，使之深入，直到最后完成。

驰骋在原子世界

只有把全副身心投入进去，专心致志，精益求精，不畏劳苦，百折不回，才有可能攀登科学高峰。

——邓小平

那是美国芝加哥大学，在宁静校园的西北角，有一座古老倾圮的建筑，它具有某种中世纪城堡的式样，作为一幢建筑物的门面，掩蔽着一个已经不再使用的足球场的西看台。看台下边的网球场里，科学家们修建了人类第一座原子反应堆。1942年12月2日，人类在此实现了第一次自持链式反应，从而开始了受控的核能释放。

20世纪有很多伟大事件，但伟大中的伟大事件之一，不能不说是实现原子能的受控释放。

→青年时的玻尔

按照爱因斯坦的说法，这将是历史上人类第一次利用并不是来自太阳的能量。

在这个伟大的历史进程中，车队首先从汤姆逊发现电子出发，到达了卢瑟福勋爵发现原子核时加满油，再经过玻尔关于原子的量子力学理论明确了前进方向，再经费米、劳伦斯、奥本海默……终于实现了原子能的人工利用。紧接着，这个原子的大车队又向氢核聚变进发了。

在人类走向原子能的历程中，玻尔的作用是承上

一次对美国的访问中，玻尔成为几所大学的荣誉博士，这幅漫画的说明是这样的："现在，我们高贵的客人将再次宣读他那论述链式反应的著名演讲"。

→玻尔是一个滑雪高手

启下的。他归纳总结了老一辈汤姆逊、卢瑟福等人的原子结构的重大发现，提出了原子结构的量子理论。玻尔的理论又引导了年轻一代进入原子结构深层，开拓了原子能时代。

并且，第二次世界大战期间，玻尔以"尼克大叔"的代号亲自在洛斯阿拉莫斯·阿贡从事"曼哈顿工程"，参与了原子能的释放工作。

在这一过程中，玻尔理论是实验科学家的指导，是理论科学家深化认识的基础。

除开写博士论文时对原子世界研究所展开的外围战以外，一开始深深吸引玻尔的是原子实验。早年贝克勒尔就发现铀等物质具有放射性，通过磁场的作用，射线偏转为α、β和γ三束射线。卢瑟福和他的助手盖革用α射线的粒子流轰击各种物质制成的靶子。没有什么东西挡住α粒子的话，粒子就如同子弹一样笔直地打中靶后面一块涂有硫化锌的屏板。每个粒子打到屏上时，就可看到一个小小的光点闪烁一下。后来，用照像的方式加以记录。

就这样，卢瑟福和盖革发现了"α粒子大角度散射现象"。盖革向卢瑟福报告说，有些α粒子向后面拐去，卢瑟福惊讶万分。他的惊讶之语将被永远记录在科学史的碑石上："这是我一生遇到的最难以置信的事情，简直就像用15英寸的炮弹去轰击一张薄纸，而炮弹却掉过头来击中你自己一样难以置信。"

是什么把α粒子抛了回来呢？是什么能把以每秒几万公里的速度奔驰的粒子挡住？一定是原子里有什么东西挡住了α粒子。

←哥本哈根风光

→ 玻尔兄弟：哈拉德（左）和尼尔斯（右）。

　　终于1911年的一天早上，嘴里哼着歌子的卢瑟福告诉人们，在原子里有一个原子核，它的质量很大，是α粒子与原子核相撞，形成了α粒子的大角度散射。他们一步步深入着。

　　玻尔耳闻目睹了原子核被发现的经过，他身旁靠着的仪器就是记数器。玻尔终于被卢瑟福的原子实验拉下水了。他一开始就抓住了问题的要害：将卢瑟福的原子核与J·J·汤姆逊的电子结合在一个理论模型中。

玻尔有一种独特的天赋，那就是把别人辛辛苦苦做出来的实验，解释得明明白白，其透彻程度比实验者本人还清楚。

汤姆逊开始时认为，电子与原子核的关系好像西瓜与西瓜籽，由于它不能解释α粒子大角度散射而被抛弃。

在玻尔的模型中，原子中的核外电子，被认为是按相等的间隔排列在一个个圆轨道上而绕原子核在转动，好像孩子们绕着火堆在跳舞，像太阳系中行星环绕太阳。这就是玻尔最初采用的原子模型。这种原子模型是一个很薄很薄的圆片，而不是今天人们所习惯于设想的那种"台球"式原子。

尽管这是一个丑陋无比的婴孩，但他是玻尔的创造，具有开拓性的意义。可以说，再渺

←诺贝尔奖获得者玻尔

小的创造也比重复模仿伟大，丑小鸭是有变成白天鹅的资质的。玻尔用了很长时间去完善它。

玻尔逐步修改了他的原子模型，从薄片变成了球体，从单个原子核体系到多个原子核体系，从核外只有少量电子到核外具有多个电子，从仅解释实验事实到预言一些实验现象。玻尔一步一个脚印地进取着。

在人类探索原子领域的历史进程中，原子是一个最难驾驭的课题，它看不见、摸不着，但却屡屡在实验中出现，干扰、戏弄着科学家们，仿佛要向科学家的智力挑战。

凡是敢于应战的科学家，大多数不是"丧生"于原子实验之中，就是"亡命"于原子理论之内。19世纪中后期的法国著名科学家杜马心烦意乱地大声宣布：如果我要是为科学做主的话，我干脆就不要什么原子。

19世纪原子

→ 玻尔1932年访问中国时在杭州某堤坝上留影

战胜了人类。

进入 20 世纪，原子有些"紧张失措"。从汤姆逊发现电子始，一系列原子实验打开了原子迷宫，一系列现象让人们窥视了原子世界梦幻般的图景，然而雪崩般的现象披露又让人迷惑了。这

情形就好像李比希所说的"进入了一个掩天蔽日的原始森林"，却又没有一张哪怕是不精确的地图。

丹麦小伙子玻尔羞羞怯怯地拿出了一张自己绘制的地图，只见那上面到处都是空白，但毕竟有一些模糊的坐标，于是人们欢呼起来，本来已经失去的信心又凝聚起来，原子探险队又继续出发了。

从全局的角度看，从事原子实验的人可以分为两部分：一部分是以卢瑟福为代表的、直接从原子实验捕获数据资料，这部分以放射性作为主攻方向，可以说是原子攻坚战的主力部队；另一部分是通过研究物质光学性质尤其是研究光谱性质从而间接获取数据资料，这部分以光谱数据为主攻方向，可以说是原子攻

坚战的副攻手。

玻尔之所以取得比较突出的成绩，主要在于他将两个方面的优长集中起来，他把来自两个方面的实验数据加以比照，丰富了视野，避免片面性。

玻尔深入考虑，绕核旋转的电子决定了原子及元素的一切化学性质，它们决定了这种物质的一切特点。但是，仔细思索一下，这样一种结构有可能存在吗？电子能绕原子核旋转吗？这是首先需要回答的问题。按照传统的牛顿力学的观点，电子在绕核旋转时，会在运转过程中失去自己的能量。随着能量以辐射的形式耗散掉，电子就会沿着螺旋线逐渐接近原子核，最终将落到核上，这时原子也就坍塌了。

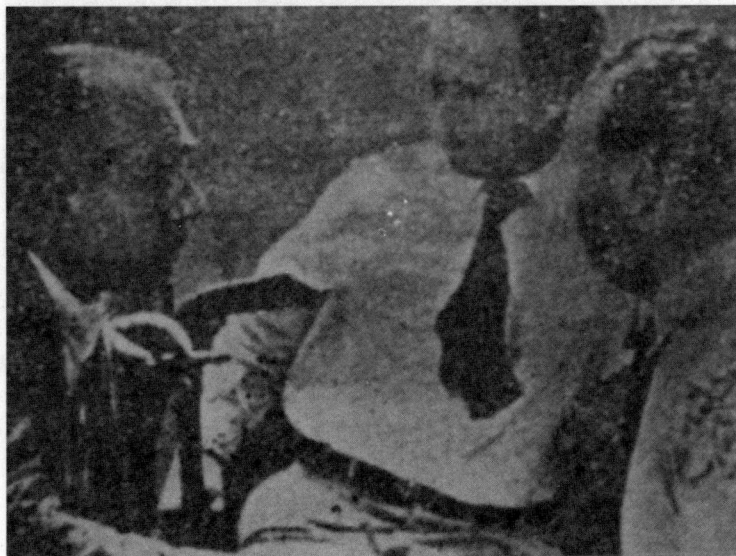

→ 玻尔与海森堡在研究所餐厅内谈话

电子一定会绕核旋转同时又不会落到原子核上去。玻尔坚信这一点。

出路在哪里？

其实，早在1900年普朗克就已经指出了经典力学在能量连续性问题上的局限性。6年以后，爱因斯坦扩

一卡文迪许实验室，玻尔的研究基地。

展并证实了这一点。量子论经过普朗克、爱因斯坦的阐发本来应该繁荣发展起来。量子论指出，每一种辐射可以有它自己所具有的特殊单位，正像每一个人都有自己的指纹一样。

量子理论如此新奇，以致人们对它的接受是极其缓慢的。

大学时代的玻尔，就早已熟读普朗克和爱因斯坦的量子理论的著作。1912年，玻尔意识到电子应该受量子理论作用的支配。

这是一个革命性想法！

在科学研究中往往需要具有极大创造力的想法。光有创造性的想法还不行，还必须辅之实验和逻辑演绎。玻尔开始用计算来证实自己这一原子结构理论是否正确。他不分昼夜地工作。繁杂的理论公式和数字，迫使玻尔把它们写在长长的横格纸上。为了使它们在抄完不致混杂在一起，他把它们粘成了一个长卷。

玻尔的计算表明他的设想是正确的，在一个稳定的轨道中，能有1~7个电子进行旋转，每增加一个电子，就会形成一个新元素。

为了确证，玻尔首先将这些理论叙述给卢瑟福，看一看这位原子实验大师的反应。说心里话，这位教授一向是不大相信理论的，但是他不愧是一位科学导师，十分富有涵养，他提醒玻尔不要太依靠原子结构

五十年代拍摄的研究所局部，外观不是很大，可是地下拥有许多实验室。

模型，还告诫玻尔不要根据很少的实验证据推广自己的理论。

卢瑟福中肯的建议富含哲理，他热情鼓励玻尔准备一篇论文发表，把这些思考让更多的人去讨论。后来，这篇论文成了物理学史上的不朽文献。

将卢瑟福原子模型与量子论结合在一起，解决了原子中电子稳定性问题，这被称作"原子三部曲"的第一乐章。

紧接着的一个问题，就是原子在受到适当诱发（比如说光照、受热等时会产生某些谱线，一般地说，这些谱线都是特殊的。实质上，这就是用玻尔原子结构的量子模型来回答光谱的问题。

→哥本哈根

光谱的问题可是一个老资格的问题，17世纪牛顿曾让一束光经过一道狭缝射入一间黑屋子，经过一块玻璃棱镜，光一下分成了有颜色的，以红橙黄绿青蓝紫为序的光带，这就是光谱。

← 老年时的玻尔

19世纪初叶，德国科学家夫琅和费又在太阳光谱中发现了有暗黑色的细线条，被称作为"夫琅和费线"，此后，科学家们又发现了上百条以至上千条光谱线。逐渐地，人们摸到了一些光谱线的规律，如钠光谱线是黄线，钾光谱线是紫线。后来，本生和基尔霍夫还利用光谱方法发现了一系列元素。

1885年，瑞士物理学家巴尔麦，瑞典物理学家里德堡又发现了比较详尽的光谱规律。

但是，这些光谱规律的背后说明了什么？那是只有上帝才知道的事情！卢瑟福的原子理论无济于事，传统理论也无法做出解释。当玻尔的朋友汉森提出让

玻尔解释时，玻尔开始接触光谱资料和巴尔麦、里德堡的工作。他吸纳了光谱学家的精髓，运用自己的量子原子理论，于是"电子跃迁"的重要认识产生了。

一哥本哈根大学

← 与孙子孙女在一起时开心的玻尔

电子在受到适当的激发时，会从一个轨道跃迁到另一个轨道，在跃迁时，会伴随着一道闪光。从低能量轨道向高能量轨道的跃迁或相反时，需要能量按量子等级吸收或释放。

玻尔的电子跃迁及能级的理论，相当完满地解决了光谱学的问题。原来，光谱现象是原子核外的电子从一轨道跳到另一轨道的结果。

这是玻尔演奏的第二乐章。如果说，第一乐章着重自身的建设，那么第二乐章就着重解决其他问题了。

哥本哈根成立了理论物理研究所之后，玻尔如虎添翼，接连攻克了一个又一个原子理论的堡垒。开始的时候，攻坚战还是玻尔一个人，后来玻尔小队、玻尔连队……直到玻尔军团冲上来了。

20世纪20—30年代，原子理论有了长足的进步，首先离不开玻尔，其次离不开玻尔的那些小伙子们。他们像娴熟的摩托车手，在原子世界中驰骋。

相关链接
XIANGGUAN LIANJIE

爱因斯坦与玻尔

爱因斯坦与玻尔围绕量子力学理论基础的解释问题，开展了长期的、激烈的争论，但他们始终是一对相互尊敬的好朋友。玻尔认为他是自己"许多新思想产生的源泉"，而爱因斯坦则高度称赞玻尔："作为一位科学思想家，玻尔所以有这么惊人的吸引力，在于他具有大胆和谨慎这两种品质的难得融合；很少有谁对隐秘的事物具有这一种直觉的理解力，同时又兼有这样强有力的批判能力。他不但具有关于细节的全部知识，而且还始终坚定地注视着基本原理。他无疑是我们时代科学领域中最伟大的发现者之一。"

玻尔和爱因斯坦于1920年相识。那一年，年轻的玻尔第一次到柏林讲学，和爱因斯坦结下了长达35年的友谊。但也就是在他们初次见面之后，两人即在认识上发生分歧，随之展开了终身论战。他们只要见面，就会唇枪舌剑，辩论不已。

1946年，玻尔为纪念爱因斯坦70寿辰文集撰写文章。当文集出版时，爱因斯坦则在文集末尾撰写了长篇《答词》，尖锐反驳玻尔等人的观点。他们的论战长达30年之久，直至爱因斯坦去世。但是，长期论战丝毫不影响他们深厚的情谊，他们一直互相关心，互相尊重。爱因斯坦本来早该获得诺贝尔奖，但由于当时有不少人对相对论持有偏见，直到1922年秋才回避相对论的争论，授予他上年度诺贝尔物理奖，并决定把本年度的诺贝尔物理奖授予玻尔。这两项决定破例同时发表。爱因斯坦当时正赴日本，在途经上海时接到了授奖通知。而玻尔对爱因斯坦长期未能获得诺贝尔奖深感不安，怕自己在爱因斯坦之前获奖。因此，当玻尔得知这一消息后非常高兴。立即写信给旅途中的爱因斯坦。玻尔非常谦虚，他在信中表示，自己之所以能取得一些成绩，是因为爱因斯坦作出了奠基性的贡献。因此，爱因斯坦能在他之前获得诺贝尔奖，他觉得这是"莫大的幸福"。爱因斯坦在接到玻尔的信后，当即回了信。信中说："我在日本启程之前不久收到了您热情的来信。我可以毫不夸张地说，它象诺贝尔奖一样，使我感到快乐。您担心在我之前获得这项奖金。您的这种担心我觉得特别可爱——它显示了玻尔的本色。"

量子力学是什么

什么是道路？
世上本无路，
向未知去探索吧。

——歌　德

人们可能常问，量子力学是什么？告诉你吧，量子力学就是玻尔及其哥本哈根学派对人类的贡献，就是20世纪玻尔的力学。

在科学史上，人们为了简洁清晰起见，常常用一二个简单的辞藻来表现一个比较复杂的事件或过程。比如，马德堡半球，比萨斜塔实验、苹果落地，等等。

在量子力学史上，有一个人皆知晓的《卢瑟福备忘录》。

1912年6月，玻尔表现出对原子结构的强烈兴趣，在他的文稿中第一次出现了"原子结构"。经过一个多月的紧张工作，7月6日，玻尔把一份关于原子结构的论文提纲寄给了卢瑟福，这份提纲主要讨论了原子和分子在正常状态的性质等原子结构问题。后来，科学史家海尔布朗和库恩把这份提纲称为《卢瑟福备忘录》。

《卢瑟福备忘录》是玻尔把量子概念与卢瑟福有核原子模型结合起来的最初尝试。

这个备忘录是玻尔创建原子结构及未来的量子力学的宣言书。玻尔的博士论文一印刷出来，就长期被人们埋没了。而玻尔依据备忘录写成的论文，一开始就引起了世间的热心重视，荣誉接踵而来，争论也相随而至，很快玻尔成为物理学界的焦点。

物理学家以玻尔为界，几乎分成了两大派：一派极力赞扬玻尔的理论，实验也证实玻尔的理论是正确的；另一派极力反对玻尔的理论，实验也会来这儿凑

←哥本哈根

趣儿。

爱因斯坦的变化更是耐人寻味的。

爱因斯坦开始是玻尔的同盟者，1916年他发表了普朗克定律的一种理论推导方法，假设了原子的电子跃迁服从一种几率规律，后来他却坚决反对起波函数的几率诠释来了。

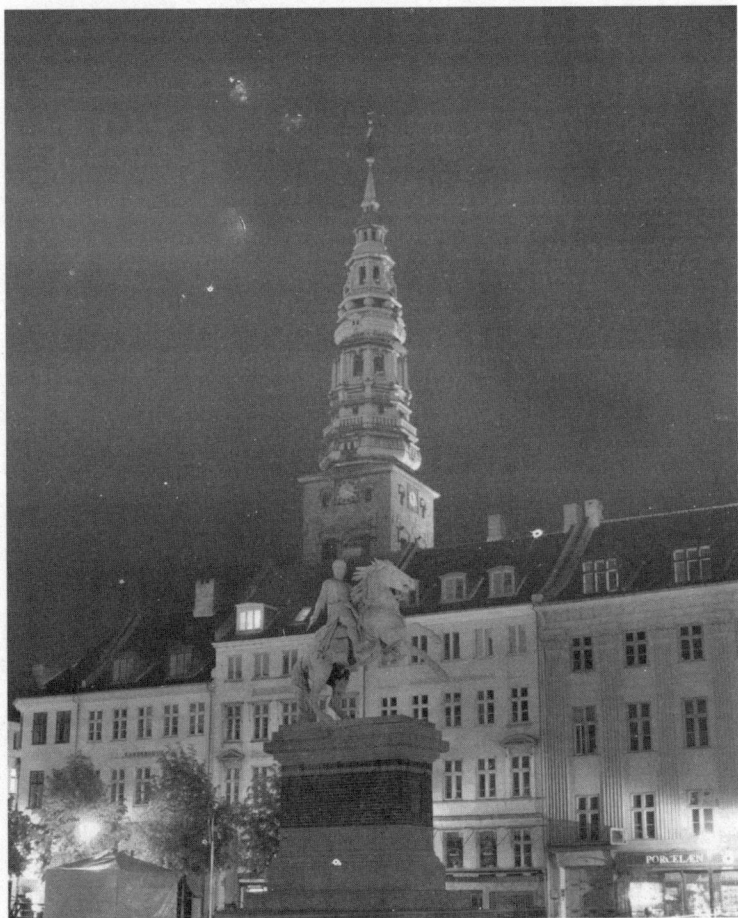

→哥本哈根

由此可见，玻尔捉住了现代物理学的痛痒之处。

玻尔引发的物理学争论推动了早期原子结构理论的深化。

要老年人接受新的观点是很困难的。年老的物理学家们固守着用牛顿经典力学诠释的物理学阵地，要他们去接受量子论、相对论就有十分难度了。好在青年人在成长着。

《卢瑟福备忘录》引发了玻尔的一系列论文，玻尔的论文引起了一场激烈的争论，这些争论又唤起了一大批年轻的物理学家。他们组成了强大的研究大军，雄纠纠气昂昂地走向玻尔的研究领域。

玻尔哺育了这支年轻的新军。

玻尔在一次讲学的过程中，第一次分头会见了泡利和海森堡。历史将表明这是一次具有伟大意义的会晤。

泡利和海森堡都是诺贝尔奖金获得者索末菲的学生。当时泡利22岁已获博士学位，海森堡21岁，还没毕业。他们是跟随索末菲从慕尼黑到哥廷根来听玻尔演讲的。

泡利才华无与伦比，因而十分狂傲；海森堡年少气盛，也是天不怕地不怕。在玻尔的演讲中，他们发起学术挑战。海森堡批评了玻尔教授的观点，泡利则

玻尔的烟斗从不离身

冷嘲热讽。玻尔还是玻尔，他一点也没有轻视青年大学生们的发言，当讨论结束后，他又邀请海森堡和他一起散步，详细谈一谈海森堡问题。后来，海森堡在回忆录中写道：

"这是关于近代原子理论的物理问题和哲学问题的第一次全面彻底的讨论，而且它对我后来的事业肯定起了决定性的作用。"

海森堡所说的"后来的事业"，就是量子力学的创立。

1925年，海森堡、泡利以及另外几位年轻人，他们都聚集在玻尔的旗帜下，冲向玻尔理论尚不能解决的问题。这是一支经过组织的"计划周密地"向量子力学的堡垒发动持续猛攻的大军。正像一位物理学史家评价的那样，玻尔虽然没有亲自去攻打某一个碉堡，但是他的指挥若定之功是不可磨灭的。

如果我们把玻尔的量子理论称作旧量子论的话，

那么青年一代人要建立新的量子论，他们在玻尔量子论基础上创立了现代的量子力学。

说起量子力学，还得从原子核外的电子说起。在近代物理学上，就有两个物理学说长期不睦，互相争论。第一个是粒子论，第二个是波动论。

粒子论与波动论争得你死我活的主要领域，是"光的本质是什么"这一问题。牛顿的粒子论认为光是一种粒子流，惠更斯的波动论则认为光是一种波动。

在光的本性问题上，一会儿粒子论占上风，一会儿波动论居主宰地位。争论了将近两个世纪，不分胜负。一直到爱因斯坦提出光量子理论，关于光的本性问题的争论才逐渐平息下来。通过爱因斯坦的"光量子理论"以及后来光学的进步，人们才认识到光具有波动性和粒子性的两重性质，即人们所说的"光的波粒二象性"。

发现电子以后，人们又争论了好长时间。电子是

← 哥本哈根大学

波动，还是粒子。当然，电子是一种粒子，人们异口同声，但是电子运动的一些性质却无法用简单的粒子性来解释。

在这进退维谷之时，法国青年物理学家L·德布洛依提出"电子波粒二象性问题"即物质波的概念。

后来，在劳厄晶体衍射理论的基础上，戴维逊等人以一束不同波长的X射线通过晶体，发现电子衍射的物质波，而轰动了物理学界。

建立电子的波动方程或电子运动方程，就变成了物理学家的紧迫工作。

克服旧量子论的局限，走向新的量子力学的道路，是兵分两路的。

　　一路是薛定谔。他运用波动方程的方式，经过科学的推导，得到了量子力学的薛定谔本征方程。这一方程把电子看作是波动背景上的一种"波峰"，创立了"波动力学"。

　　另一路是海森堡等人。海森堡利用数学矩阵的方法，以那些在原则上可观察的量之间的关系为根据，建立一套完整的系统理论，又经过泡利、玻恩和约尔丹等人的完善，诞生了矩阵力学，也通称量子力学。

　　开始，波动力学和矩阵力学两派学者还大张旗鼓地争论是非，大水冲了龙王庙，一家人不认一家人。1926年，薛定谔和泡利发现，波动力学和矩阵力学在数学上是完全等价的，只不过是着眼点和处理方法各

↓1935年，罗马会议。玻尔正在回头讲话。

不相同，由一种力学完全可以推出另一种力学。因此，人们将这两种理论通称为量子力学。

玻尔欣慰地看到，年轻一代成长起来了。玻尔主动邀请薛定谔到哥本哈根讲波动力学，因为哥本哈根是矩阵力学的大本营，体现了玻尔的远见卓识。

薛定谔本是维也纳人，曾就教于气体分子运动论的奠基人玻尔兹曼门下。他对数学、波动力学有很深的造诣。他的波动方程求解简易，数学形态优美，很受物理学家的欢迎。相反，海森堡的矩阵方程，数学抽象度高，求解过程琐繁，很使物理学界为难。虽然，科学家们后来发现，海森堡矩阵也有薛定谔方程所不及的优势。但薛定谔方程依然作为量子力学的基本方程。这个方程在微观物理学中的地位就像牛顿运动定律在古典物理学中的地位一样。

薛定谔来到哥本哈根讲学，本来是波动力学和矩阵力学合兵一处，会师哥城的表现，可是科学永无止境。科学家就是不断问为什么的专家。

薛定谔方程处理电子的核心主要是以波为对象，但电子主要是粒子。薛定谔理论中的波究竟代表什么？它具有怎样的物理性质？这又引起不同的争论。

争论，科学的孪生子。

常言道：佛教教义之争，不论谁胜，均是释迦牟尼之辱。然而，科学认识之争，不论谁胜，均是苍生万民之福。

薛定谔认为，波动方程中的波是实在的，粒子不过是波的密集，他称之为"波包"。薛定谔采用"波函数"这种数学形式，处理电子运动。但是，波函数会随时间而无限扩展开去，这不符合粒子稳定性这一基本实验事实。

1926年6月，德国物理学家玻恩提出不能准确确定一个电子的位置，只能根据波动情况，在某一点确定电子存在的概率的论点。这就是玻恩的"波函数的

← 丹麦克朗上的玻尔

统计解释"。经过长期验证，玻恩的解释得到了物理学界的公认。电子具有粒子的性质，电子的波函数所表示的不过是电子在某时某地出现的几率（科学严格地说，电子出现的几率正比于波函数的绝对值的平方）。

以薛定谔为首的反对派则坚持电子波动的连续性质，反对量子跳跃（即跃迁的观念）。薛定谔的抨击不是毫无道理的，它诱发出更多更深刻的一系列创造。

海森堡又一次登场了。

他明确指出，对电子波函数性质的不同解释的冲突根源在于对量子力学的形式体系缺乏明确的解释。1927年2月，经过与泡利的深入探讨，海森堡发表了

→伊丽莎白二世与丹麦国王和王后访问玻尔宅邸

一篇题为《关于量子力学的直觉内容》的论文，分析了粒子的位置、速度、轨道、能量等基本概念，提出了"不确定性原理"。

海森堡的上述灵感，就是在哥本哈根玻尔那里取得。学习量子力学的人，没有不知道海森堡"不确定性原理"的。这一原理的内容，通俗地说，电子的位置和动量是不可能同时准确地测量的。要准确地测量其中一个，就不得不牺牲另一个的准确性。同时，电子的能量与时间的测量也存在着类似的不确定性。

海森堡"不确定性原理"的发现，在哥本哈根学派中，在整个物理学界，引起了强烈反响。性格外露的泡利当时就欢呼"现在是量子力学的黎明"。一些玻尔研究所的青年科学家也跃跃欲试。

哥本哈根学派的长者、尊者玻尔对它想得更深、更远，试图对它进行哲学概括。玻尔从存在主义创始人丹麦哲学家基尔凯郭尔、赫夫丁的著作中得到启发，于1927年9月提出了量子力学发展史上有名的"互补原理"。

玻尔的"互补原理"一经发表，立即引起了科学界、哲学界的广泛重视。

玻尔的"互补原理"实质上是一种哲学原理，曾被玻恩夸张地称为"现代科学哲学的顶峰"。它在所谓

量子力学的"哥本哈根解释"，以后成为量子力学的"正统"解释。

量子力学的这些发展使玻尔跻身现代科学的最伟大科学家的行列，他继1921年爱因斯坦获奖之后，被授予1922年度的诺贝尔物理学奖金。

玻尔家知道了这件事，全世界也同时知道了这件事。

贺喜的电报、信件像秋叶一样纷纷飘来，玻尔拿起卢瑟福的贺电，欣慰地笑了。他认为自己没有辜负卢瑟福先生，没有辜负卡文迪许，没有辜负哥本哈根。要接受诺贝尔奖金，就要发表一篇讲演。经过反复斟酌、推敲，最后玻尔选择了一个容易的、但又十分古老和新颖的题目："原子的结构"。

从物理学历史看，相对论是对古典物理学的一次猛烈冲击，量子力学是对古典物理学的又一次猛烈冲击。这两次冲击的主帅爱因斯坦、玻尔先后获得诺贝尔物理学奖金，标志着他们的工作成就得到了科学界的承认。

玻尔在得到获奖消息之后，主动给爱因斯坦写了一封情真意诚的贺信，不久爱因斯坦又复信答谢。平心而论，量子力学对物理学以至整个自然科学所产生的冲击比相对论更为猛烈。量子力学的一系列基本概念，如波粒二象性，物理量的不可对易性，不确定性关系，以及玻尔的互补原理等等，都同传统的概念框架格格不入，不仅在物理学界而且在哲学思想领域中引起了一次巨大震动。由于量子

玻尔亲自视察原子能委员会里索研究所施工现场

力学成功地揭示了微观物质世界的基本规律，它的创立极大地加速了原子物理学和固态物理学的发展，为核物理学和基本粒子物理学准备了理论基础。后来还为化学、分子生物学提供了理论工具，因此，量子力学可以说是20世纪最多产的科学理论，20—30年代是物理学的黄金时代。

无与伦比的论战

　　科学只能由那些全心全意追求真理和
向往理解事物的人来创造。

　　　　　　　　　　——爱因斯坦

　　科学代表着对自然奥秘的探索的一个
不可分割的部分，通过这种探索，我们力
图提高人类的理解和福利。

　　　　　　　　　　——玻　尔

　　科学家应该有一点怪僻，他们常常固执，倔强，
为了认准的一个道理，不惜生命、幸福乃至一切，全
部的苦辣酸甜都沉浸在这里边，整个天地间除此之外
别无他物。

　　20世纪以来，科学界发生一场浩大无比、漫长激
烈的学术大辩论。这场思想上的"世界大战"从20年
代末至今天，已经持续了六七十年。就是到今天仍然
在继续着。

　　这场学术大论战，就是爱因斯坦与玻尔之间关于
量子力学本性的争论。

　　争论的缘起，可以追溯到1927年9月。

　　玻尔受意大利方面的邀请，参加在科摩湖畔召开的纪念伏打逝世100周年的国际物理学会议。史称科摩会议。

　　科摩会议上，玻尔是倍受注目的人。他在会议上宣读了题为《量子假设及原子理论的新发展》的学术论文，在这篇论文中，玻尔泛泛地谈论了量子力学的发展，他漫不经心地把自己对互补原理的思考公之于众。

　　与会者并非全部都在全神关注地听玻尔的报告，一听到他讲起什么哲学意义上的"原理"就更加昏昏欲睡了。

　　科摩会议上玻尔的论文，一半是用物理学语言叙述，另一半是用哲学语言叙述的。物理学家不知道聪明过人的玻尔的葫芦里卖得是什么药。

　　会后，人们逐步理解了玻尔

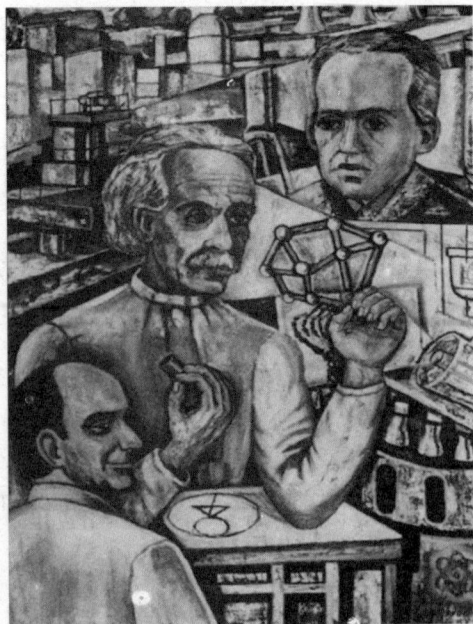

← 玻尔与爱因斯坦

的创见，逐渐一个一个被震动了，玻尔的这个东西不但摧毁了整个物理学和整个科学的支柱，而且用的还是陌生的词汇和术语。薛定谔与劳厄极力反对玻尔的理论，认为它既不明确，也缺乏概括性。更多的人认为，不能如此大量地抛弃传统的东西。

另外一些人认为，从传统的物理学到量子力学，需要进行改变，但玻尔的方式是令人憎恶的。科摩会议及此后相当长一个阶段，玻尔是单枪匹马的。

各种各样的反对观点在如何对待"实体"上，取得了一致，形成了同盟军。他们众口铄金地认为，物理学应该建立在"实体"上，比如微粒、物体、场上，而不是建立在什么不确定或者什么统计意义的基础上。宇宙的一切哪怕是最小的成分也应该像城市或石头那样客观存在，不管我们能否看得见它。

20世纪科学巨星爱因斯坦因故没有参加科摩会议。在这位公认的权威没有发表自己的看法之前，谁也猜不准他究竟是持什么态度。欧洲仿佛到处都在问："爱因斯坦怎么看呢？他会不会反对玻尔呢？"

时间煎熬着人们。终于第五届苏尔维国际物理学会议召开了。会议上，国际知名的物理学家几乎全部到会。爱因斯坦、布拉格、康普顿、德布罗意、玻恩、海森堡、薛定谔，等等，当然还有即将"受审"的玻

玻尔夫人与中国物理学家在故宫合影

尔。

当我们看到第五次苏尔维会议（1927年10月24—26日）的照片时，我们仿佛看到了科学界的全部精英。以爱因斯坦为中心，一字排开前后三排人。除了上述人员，还有朗谬尔、普朗克、居里夫人、洛仑兹、朗之万、居伊、威尔逊、里查孙、德拜、狄拉克、埃仑菲希特、泡利、福勒和布里渊等人。

苏尔维会议的本次议题是"电子和光子"，讨论的焦点集中在玻尔的"互补原理"上，那种剑拔弩张的情形让玻尔气馁，他想回避人们的灼热的目光。但是回避是不可能的，这些问题必须正面回答。与会者要求玻尔怎样，玻尔只好怎样。会议给他以充裕的时间，仿佛玻尔是一个必须答辩的刑徒。

终于，爱因斯坦站起身来发言了。群情甚为激奋。爱因斯坦说话可是直来直去，从来不愿意绕弯子。他很快就亮明了自己的看法：他不喜欢"不确定原理"，他不愿意放弃"实体性"，他认为"互补原理"是一种不可以接受的、也是不必要的解释。爱因斯坦说出了"不"。

乌拉，爱因斯坦万岁！

爱因斯坦不愧是众望所归的人，他的观点仿佛像法官判处了玻尔的死刑，而且不允许上诉。众人怀着胜利的感受离开了苏尔维会议。他们全不顾玻尔的感觉。

玻尔熟悉康德的一句话：放弃自己内心的信念是卑鄙的，而在目前既然你说的一切都应当是真实的，那就不一定非把全部真理都公开说出来。玻尔怀着不服输但又欲言又止的心情离开了。

玻尔细心地准备着答辩，继续争论——说得婉转一点是"交换观点"。玻尔做事从来不使用临时灵机一动所想出的字句。他在研究所里通过与大家用心讨论，又经过仔细推敲，准备了堵塞各种可能漏洞的材料。

经过冷静的思考，玻尔认为自己的理论观点没有错。他相信睿智的爱因斯坦经过一段迷惘后是能够醒悟过来的。玻尔希望自己的论证能把爱因斯坦争取过来，那时反玻尔联盟就会土崩瓦解。玻尔想，爱因斯坦本人曾经天才地设想过，光子既是粒子又是波。爱因斯坦确实也曾为量子力学的概率性本质做出过一些伟大贡献，玻尔十分熟悉这些内容。

于是，一场争取爱因斯坦的科学攻心战就开始了。

经过系统的思考，爱因斯坦相信自然界的规律还是确定的，上帝不会靠掷骰子办事，即爱因斯坦相信，自然规律是决定性而不是统计性的。玻尔的努力对爱因斯坦虽然没有起作用，但对原来那些动摇和将信将疑的科学家却发挥了作用。像埃伦菲希特等人就动摇了，这部分科学家甚至觉得爱因斯坦有点强辞夺理了。

经过哥本哈根学派和玻尔的努力，科学家阵营分化了，一部分人认为自然界一定是实体化的，事物之间作用是因果决定性的；另一部分则认为自然界的规律是统计性的，事物之间的作用是非决定的。这是爱因斯坦和玻尔争论的核心所在。

爱因斯坦与玻尔的争论是相当激烈的。爱因斯坦具有迄今为止人类的最高智商和创造力，是20世纪科学界的教皇和最高权威；玻尔智力非凡，又有一大帮哥本哈根如狼似虎的少壮派为后盾。这是一场势均力敌的争斗，这是一场比意志和耐力的拳击，这是一场漫长的看不到目的地的马拉松。

　　经过相当长的时间以后，跟随在爱因斯坦身后的科学家的人数在逐渐减少，他们加入了玻尔的阵营。科学实验的事实以及科学发展，更加有利于玻尔学派。

　　从上起分别为：玻尔与当时联合国秘书长会谈、艾森豪威尔会见玻尔、铁托与玻尔会晤。

原来，玻尔是比较孤独的，现在轮到爱因斯坦了。

爱因斯坦是倔强顽强的，他相信即使抓到1万只白天鹅，也不能绝对证明"天下天鹅皆白"这一命题。他一直认为，统计性规律是认识不完备的结果。他曾经写信告诉玻尔：

← 玻尔订婚照

"当科学主要描述方法不完备时，当然只能由此得出统计性的结果来，这是不足为奇的。认为理论上的描述必须直接依赖于靠实验得出的结论，这是一个错误。"

爱因斯坦继续与玻尔争论，玻尔虽然占上风，但他无法彻底驳倒爱因斯坦的认识。50年代末60年代初，爱因斯坦、玻尔相继逝世，这场争论仍然没有结束。从发展趋势看，近些年来利于爱因斯坦的科学实验事实又多了起来。

科学家们最相信科学实验的事实。

相关链接
XIANGGUAN LIANJIE

欧洲粒子物理研究所

1952年，玻尔倡议建立欧洲粒子物理研究所（European Organization for Nuclear Research，简称CERN）。

该研究机构成立于1954年，位于日内瓦的西北部，在法国与瑞士边界的侏罗山脚下，是世界最大的粒子物理研究中心。CERN是欧洲第一个联合研究机构，由20个成员国提供资金，其卓越成绩已经成为国际合作的典范。CERN位于法国和瑞士的交界处，就在日内瓦的郊区。CERN主要研究物质是怎样构成的，以及是什么把它们结合起来的。

CERN目前拥有世界上设计能量最高的粒子对撞机——大型强子对撞机（Large Hadron Collider，简称LHC），它于2008年9月10日正式启动运行，但于9月19日发生事故停机。经过一年多的维修，LHC于2009年11月20日重新启动，并于11月23日实现第一次对撞，在12月初实现2.36TeV对撞，2010年3月30日实现3.5Tev对撞，成为世界粒子物理研究的能量最前沿。

　　除了拥有世界上最大,威力最强的粒子加速器之外，CERN 还管理 LHC 计算网格（LCG）项目。该项目是世界上最大的国际科学网格服务体系，它通过互联网和专用 10Gbit/秒链路访问共享的计算机和数据，使不同区域的科学家每年可生成，存储和分析 15 PB（1500 万 GB）的数据。

　　早在 2004 年，在有条不紊地筹备 LHC 过程中，CERN 的 IT 部门认识到改造其 IT 基础设施架构的必要性。这个架构必须具备管理此计算网格项目的数据处理能力。该网格项目本质上是一个全球性分布式数据处理网络。为此，CERN 正在建立一个由 6000 台电脑组成的数据中心。其中，每台电脑都需要通过可靠的高性能千兆局域网交换机连接。尽管 CERN 以前的 IT 基础设施架构可满足日常网络需求，但由于网格的苛刻需求，CERN 认识到有必要重新对其进行评估。因此，CERN 于 2005 年邀请领先的网络厂商对其业务进行投标。ProCurve 最终胜出。CERN 需要把世界上最大、功能最强的粒子加速器连接到世界上最大的科学计算网格中的 600 台电脑上。

科学家逃难

一个时代没有悲剧，才是真正的悲剧。

——朱学勤

社会并非总是公正地对待科学家的。

随着玻尔学派的认识占据主流地位，国际社会也呈现了繁荣发展的好势头，洛加诺·白里安公约不仅解决了第一次世界大战所遗留下来的问题，还保证了未来的和平，欧洲国家之间大多彼此签订了互不侵犯条约；奥斯汀·张伯伦因为和平而呼号，荣获诺贝尔和平奖金；德国作为一个战败国也温驯多了；1929年9月，代表世界繁荣与衰退的晴雨表——纽约股票市场上的价格达到了最高峰。人们陶醉于和平、繁荣和各种思想的成就。

在德国之外，很少有人注意到新出现的纳粹党，以及希特勒在坐班房时写成的一本充满血腥味的《我的奋斗》。

歌舞升平中，纳粹的坦克轧轧声终于打破了欧洲狂欢夜之后清晨的宁静，来自纳粹的越来越深的危机就像丹麦面临的大海，要把文明和文化吞没。

纳粹占领苏台德，中欧危机！

希特勒占领巴黎，空袭伦敦，西欧危机！希特勒纳粹利用他们攫取的德国政权，开始迫害犹太人和一切进步人士。玻尔等人组织了"支持流亡知识分子委员会"，援助从法西斯势力下逃出来的知识分子。

就是在战火纷飞的年代，玻尔也没有放弃科学研究，51岁时，还提出关于原子核的液滴模型。次年，玻尔携夫人出游途中，应邀访问中国，游览了上海、杭州、南京和北平。

1940年，德国纳粹势力控制了丹麦，玻尔也开始

↑1962年，洛克菲勒研究所授予玻尔荣誉博士学位。

受到威胁，他坚持留在国内与侵略者周旋，不久就受到纳粹的监视，窃听器防不胜防，而且有消息说，德国要挟持玻尔为他们服务。

一封来自英国诺贝尔奖获得者查德威克的信件，表达了英国政府的态度：欢迎你到英国来！

当时，科学界已经开始研究铀的裂变，为了防止纳粹研究出核技术，为了全人类的共同利益，玻尔必须离开丹麦。英国及民主世界为玻尔打开了一切通路，只要他决定出走，所有的必要安排都妥当无误。以前是卢瑟福召唤玻尔，现在是全世界召唤玻尔。

玻尔一家人又一次面临痛苦的抉择。是该走的时候了吗？丹麦的局势越来越糟糕，越来越紧张。这时，苏联人正在斯大林格勒将入侵的德国军队打得一败涂地，法西斯德国加强了后方的管制，到处抓捕，到处杀人。

哥本哈根实行了严格的宵禁，玻尔一家人终于跳上了逃难的摩托艇。

第一站，玻尔单独一人径直到达斯德哥尔摩。后来，玻尔夫人和孩子们也到齐了。全家人在中立国瑞典开始了营救犹太人的工作。瑞典的盖世太保盯上了玻尔，朋友们都担心玻尔的生命会发生危险，他搬进了丹麦外交官的住宅，始终有人武装保卫他。有人建议玻尔用化名来隐匿自己的活动，玻尔听从了这个建议。不过一有电话打来，他总是忘了自己有化名这件事，下意识地回答："喂，我是玻尔。"

英国人更懂得科学家的价值。玻尔从英国的朋友那里不断得到邀请他去英国的信函电报。后来丘吉尔首相的科学事务顾问代表政府，邀请他去英国，玻尔接受了。

1943年10月6日，一架英国的蚊式轰炸机降落在斯德哥尔摩机场。它是专程来接玻尔的。蚊式轰炸机没有载客的位置，只有空空的弹仓可以让玻尔乘坐。由于瑞典属中立国，所以蚊式轰炸机上没有任何武器装备，以避免被击落时落给德国人口实。

它将飞越被纳粹占领的挪威领空和领海，把玻尔一个人送到英国去。轰炸机里只有一个人的位置，那

就是驾驶员座舱，另一个可以容纳特殊乘客——玻尔的地方，就是没有装弹的弹仓。玻尔穿上了飞行皮衣，背上系好了降落伞，飞行帽里装有耳机，以便与驾驶员联系，人们又在玻尔的手里放了几个照明灯。如果轰炸机遭到袭击，而又无法逃开时，弹仓门就会打开，玻尔就会乘降落伞落在大海上，然后，他把照明灯点亮。人们告诉他，许多驾驶员就是这样被捞救上来。

蓝天澄净，皓月当空。蚊式轰炸机起飞了。为了躲开敌人的攻击，飞机飞到最大高度。驾驶员通过无线电告诉玻尔打开氧气开关，可是玻尔没有听到这一指令，一来飞机重型发动机的轰鸣声，二来飞行帽戴在脑袋很大的玻尔头上显得太小，耳机没有贴在耳朵上。可怜的玻尔不一会儿就由于高空缺氧而昏迷了。

他是在丧失知觉的状况下完成了飞往英国的旅行的。

驾驶员听不到玻尔的反应，还以为玻尔死了呢。后来，飞机一飞过德国空军占领的挪威上空，立即降到较低的高度。当蚊式轰炸机在苏格兰着陆后，玻尔已经苏醒过来。随后，玻尔教授又飞到了伦敦。

以英国著名科学家查德维克为首的科学家们在机场迎接玻尔，大家给了他最热烈的欢迎。

自从1940年末开始，因纳粹原因，玻尔对于英美

1947年，玻尔被授予丹麦荣誉勋章，它通常只颁给王室成员和外国总统。为此，必须设计一枚盾形纹章。玻尔选择了中国阴阳二气符号作为蓝本定义这枚文章。

的原子研究工作就无法了解到什么情况，甚至可以说是一无所知。英美科学界有许多事情应该告诉玻尔。这3年多来，实现人工释放原子能已经不再是学院式的设想了。英美政府已经开始着手制造原子弹了。

在爱因斯坦、彻威尔的提醒下，英国首相丘吉尔和美国总统罗斯福，打消了疑虑，决心赶在纳粹德国之前，制造出原子武器，他们知道：如果让德国人抢先制造出这种武器，盟国将被击败，战争的结局将彻底改变。

英美两国加快了研制原子武器的速度，最初研制原子武器进展快的是英国。1941年12月7日，日本人进攻珍珠港，美国拨款5亿美元优先发展原子弹研制，

定为"曼哈顿工程"。

赶在法西斯之前制出原子弹，这几乎成为全世界科学家的共识。爱因斯坦几年前的呼吁，现在已经成为科学家的行动。

玻尔是20世纪最熟悉原子内部结构的科学家，释放原子能不能没有玻尔的指导。在美国从事曼哈顿工程的科学家都渴望听一下玻尔睿智的见解。

远在欧洲的玻尔也坐不住了，他渴望去美洲，前往洛斯阿拉莫斯一显身手。玻尔是赫赫有名的原子理论专家，若公开前往美国，会引起敌人的注意，所以只好秘密行动。

玻尔前往美国的思想完全是受消灭法西斯的动机推动的。

玻尔亲自参与了原子弹研制工作，为世界反法西斯战争的胜利贡献了自己的力量。

一切为了战胜法西斯

> 科学是一种强有力的工具。怎样用它，究竟是给人类带来幸福还是带来灾难，全取决于人自己，而不取决于工具。
>
> ——爱因斯坦

欧战事起，纳粹德国肆虐欧洲，就在大西洋潜艇战高潮迭起的时候，玻尔与儿子乘船前往美国参与研制原子弹工作。为了保密，玻尔化名贝克，每天一名警卫要随时跟着他。

美国研制原子弹的大部分工作，是在洛斯阿拉莫斯进行的。玻尔父子从纽约出发，穿过德克萨斯平原，前往原子弹研制基地。同行的还有整个"曼哈顿工程"的军界领导人格罗夫斯将军。

在洛斯阿拉莫斯，玻尔年龄最大，他被人们尊敬为"贝克大叔"。这里简直就是国际科学家俱乐部，除了玻尔父子，还有费米、查德威克、奥本海默等。

自从科学家们弄清了第94号新元素——钚具有裂变性之后，原子弹的制造就只是工程技术方面的问题

了。玻尔对于原子结构有深刻的了解，他作为一个原子结构的理论家在洛斯阿拉莫斯发挥了巨大的作用。

科学家把战胜德国的希望寄托于原子弹上。他们昼夜不息地工作。玻尔是这些科学家们的精神领袖。费米夫人在《原子在我家中》回忆道，在阿贡实验基地，最知名的人物之一是贝克先生。尼耳斯·玻尔生活在我们中间，这是保密保得最好的事项之一。要是谁知道这样一位举世闻名的原子物理学家在洛斯阿拉莫斯，那就泄密了。

玻尔作为一个原子物理学家为研制原子弹贡献了极大的力量。与爱因斯坦不同，玻尔亲自参与了原子弹的研制工作，特别是从理论上给予实践以极大的指

→玻尔和他五个儿子合影

导。

随着战争的疯狂进行，洛斯阿拉莫斯、橡树岭和汉福德的工程加紧地进行着，原子弹造了出来。

1945年7月16日，人类制造的第一颗原子弹在美国新墨西哥州南部的阿拉莫戈多爆炸成功。爆炸力大约折合成2万吨TNT炸药。那时，人们这样描述原子弹爆炸时的情景：

"整个原野被一种强度比正午的太阳强许多倍的刺眼光芒照得通亮。那是金色的、深红色的、紫色的、灰色的和蓝色的。它以无法形容的清晰和光线照亮了每一座山峰、每一道裂隙以及附近山脉的每一道山脊。……爆炸后30秒钟，先是冲来了气浪，猛烈地冲击着人和物；几乎立即就随之响起、持久而可怕的怒吼，似乎在预示着世界的末日。……"

不久，原子弹相继被投在了日本的广岛和长崎。第二次世界大战终于以德意日的失败而宣告结束了。

人人都在谈论原子弹，玻尔属于先知先觉的一群。

早在原子弹研制接近尾声时，美国军队的巴顿坦克部队向意大利半岛挺进，太平洋上日本防区也日益收缩，麦克阿瑟在菲律宾登陆，也许不需要这样的炸弹了。

玻尔和其他科学家一样忧虑着人类的未来。原子

弹是一种决定性的武器。在原子弹的巨大爆炸和随之而来的更致命的原子辐射中，人类面临着大批灭绝的前景。

科学家一致认为，纳粹已经投降，日本鬼子已经是强弩之末，不用投掷原子弹了。有的科学家天真地建议，把日本人请来观看原子弹爆炸，他们就会无条件投降。

科学家还是没有拗过政治家，原子弹还是投了下去。

面对强大的炸弹，而显然又缺少任何控制办法，这使科学家们简直急得要发狂。爱因斯坦、玻尔、弗兰克、康普顿……，他们大声疾呼，形成了一股战后强大的反对核武器的力量。和平重新来到了世界。

"贝克大叔"要返回祖国，重返哥本哈根了。他乘船去英国，踏上了返乡的漫长旅程。

1945年5月4日，丹麦的德军总部投降；次日，英美驻军空运到达哥本哈根。5月7日德国最高司令部宣布无条件投降，欧洲的战争正式结束。

当原子弹在日本爆炸时，玻尔认为他受到的保密约束已经解除，向全世界人民发出公开呼吁的时机已经到来。8月11日英国《泰晤士报》发表玻尔著名的题为《科学与文明》的文章，从那时起，玻尔就和任何原子武器的制造断绝了一切关系，转而从事核和平的伟大运动。

玻尔从美国先回到英国，他的夫人也从瑞典到了伦敦，劳燕分飞的伉俪重新团聚了，他们要飞回丹麦，飞回那片产生了安徒生童话的美丽国土。

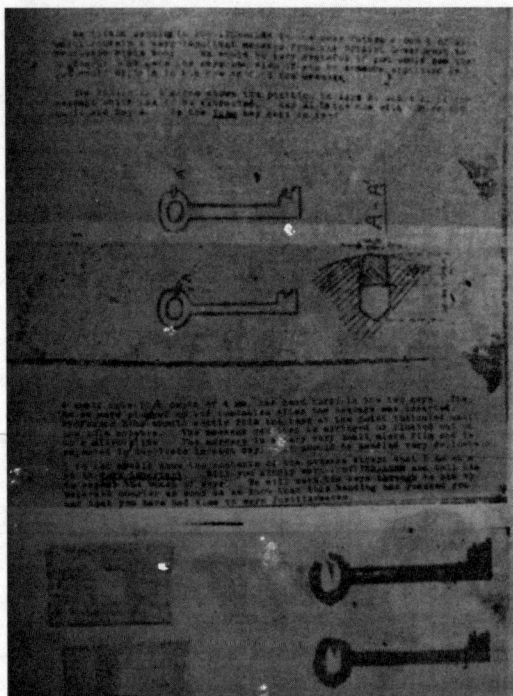

二战期间，曾有一封写在微缩胶片上的密信藏在钥匙里从英国送给玻尔。

建设丹麦，还有大量的工作要他们完成。

馈赠人类的宝贵礼品

> 感谢玻尔，他使我们的科学视野和哲学视野得到了惊人的扩展，他给我们提出了更富饶、更和谐的世界观。
>
> ——罗森菲尔德

1945年8月，玻尔夫妇一起回到了阔别多年的祖国，回到了哥本哈根。研究所倔强地躲过了纳粹德国的浩劫而安然无恙。丹麦红地白十字国旗亲切地在理论物理研究所上空高高飘扬；草坪绿意浓浓，已被修补平整好了，爬在前园里临时建筑物上的攀缘植物也被精心修剪过了，一切都在欢迎玻尔。

沿着宽敞的街道，玻尔骑着自行车来到研究所。一切还像安静的战前一样，玻尔挽着裤脚，头发被风吹拂起来。聚集在研究所中的工作人员象征性地向玻尔递送了房门的新钥匙。

玻尔走进从前熟悉的实验室，在一个架子上的许多大烧瓶中间，有一个瓶子盛放着黄褐色的液体，它就是为了避免落入纳粹之手而溶解了的诺贝尔金质奖章。后来，它又被重新铸了出来，仍然那样金光四射。

玻尔在战争中参与了原子弹的研制，战后倡导核和平成了他萦怀于心的大事。玻尔从美国回来时，确信未来的年代将是原子时代，原子能会为没有化学燃料和水力资源的国家解决动力来源。他在为丹麦和斯堪的纳维亚国家准备未来。

研究所扩大了，新近安装了回旋加速器、同位素分离装置、高压静电机等一系列原子能研究必不可少的设备和仪器。

玻尔带领他的原子战士们很快就进入了高能粒子物理学的新时代。

1945年10月，玻尔已经年满60岁了。整个晚年，玻尔的伟大业绩可以分为两部分。第一部分是献身于高能物理学的开拓和原子核物理学的深入探讨；第二部分是投身到反对原子弹倡导和平利用原子能的宏大运动中。

1946年1月，联合国成立了原子能委员会，协调各国之间的行动。玻尔极力主张制止军备竞赛，提倡国际合作，在原子武器问题上寻求和解。当时，手握原子弹的美国，到处进行核威慑，苏联也不甘示弱，极力加快原子弹研制，双方剑拔弩张，正如爱因斯坦

1945 年 8 月，玻尔从美国返回丹麦后骑车到研究所。

描述的那样，战争是赢得了，但和平却还没有。

以美苏原子武器为核心的新军备竞赛，使玻尔和爱因斯坦等科学家拍案而起，为全人类的安全而奔走呼号，核和平运动逐渐形成了一种国际力量。原子能的和平利用是 20 世纪中期以来重要而全新的任务，玻尔是一个举足轻重的倡导者和实践家。

1949 年 9 月 3 日，美国远距离侦察系统的一架飞机在例行巡逻中收集到一份放射性空气的样品。这份样品取自一团可疑的云朵。对这朵云从北太平洋跟踪到英伦三岛上空，接着英国皇家空军在本国上空又进行侦察。证据是明确的，在 1949 年 8 月 26 日到 29 日的某个时间里，在亚洲大陆的某个地方发生了一次核爆炸。

9 月 23 日，美国总统杜鲁门向感到震惊的世界宣布：我们得到了证据，在最近的几周内，苏联曾进行了一次原子爆炸。

当第一朵放射性蘑菇云从亚洲大陆升起，飘浮在世界上空时，美国和英国的核武器垄断就结束了，这离第一枚原子弹在广岛爆炸相隔不过4年多。

美国宣布了推进氢弹研制的计划，核武器竞赛进入了第二个回合。苏联人也开足了马力。

这一切将把人类引向何处呢？

玻尔陷入了深深的苦恼之中。原来，玻尔和爱因斯坦一样，总把希望寄托在一个强有力的领导集团上，现在玻尔思想有了飞跃。

要把核和平的希望诉诸于人民。玻尔开始草拟一封致联合国的公开信。玻尔在哥本哈根召开记者招待会，宣传核和平这项"为增进人类幸福贡献巨大作用"运动的伟大意义。

随后不久，朝鲜半岛爆发战争，美苏敌对情绪增加了，核军备竞赛也更激烈了。

1952年11月1日，美国氢弹在太平洋的埃尼威托克地区的埃鲁来勃岛上爆炸；1953年8月中旬，苏联的氢弹也爆炸了。

玻尔预见并大声疾呼的情况一一发生，他拼力去促进原子能和平利用的国际化。1955年8月，联合国决定在日内瓦召开第一届和平利用原子能会议，来自72个国家的1200多名代表汇集日内瓦。

在盛大的开幕式上，玻尔应邀作了题为"物理学

与人类的位置"的讲话。他提醒科学家的责任心，倡议人类朝着用科学的进步为全球人类增进福利的方向努力前进。

玻尔不仅参与全球的核和平宣传，还参与了欧洲地区的实际工作。1952年，在玻尔的倡议下，欧洲14个国家的代表在哥本哈根举行会议，会议商定成立"欧洲原子核研究中心"，这就是现代科学界大名灌耳的"CERN"，由玻尔担任主席。中心的理论部设在哥本哈根，另外决定在日内瓦建造大型加速器等实验设备。大家议定这些只能用于科学研究，而不许用于商业目的或军事目的。

1955年，斯堪的纳维亚半岛上的各国的科学家聚会成立"北欧理论原子物理学研究所"，由玻尔任管理委员会主任。

全世界人民对于玻尔的努力，也给予了极大的赞誉。1953年，丹麦设立表彰在原子科学方面做出突出成就的尼耳斯·玻尔奖章。1957年，福特汽车公司基金会设立了"原子用于和平奖金"，每年向"对原子能的和平利用做出最大贡献的个人或某些人"颁发一次，授予一枚金质奖章和75 000美元的奖金。福特基金会规定，评奖范围必须真正在世界范围内进行，选择得奖者也应"不考虑政治信仰和国籍"。

以麻省理工学院院长为首的评审团，十分轻松地就选出第一位获奖者：尼耳斯·玻尔。在玻尔身上真正体现了用原子造福人类，而不是用它毁灭人类的斗争精神。颁发奖金的宗旨也是玻尔自己的宗旨。10月24日，在美国科学院举行了盛大的颁奖仪式，美国总统和一大批科学家出席颁奖仪式。

玻尔一生家庭生活美满，他和夫人感情甚笃，儿女成群。其中阿格·玻尔也和父亲一样，荣获诺贝尔物理学奖金。

1962年11月16日，玻尔又像多年以来一样，主持丹麦科学院的一次会议。18日，中午午餐时，玻尔说他有些头痛，想躺下休息一会儿，随后就在午睡中离去了。

一代伟大的科学家停止了他那曾把20世纪引进原子时代的深邃思维，他那种不遗余力地探索自然奥秘和思想新境界的治学精神给后世留下了光芒四射的典范。